中南财经政法大学出版基金资助出版

中南财经政法大学
青年学术文库

数字金融变革：政策引领与学术启示

许泳昊　邹文博 ◎ 著

中国财经出版传媒集团
中国财政经济出版社
北京

图书在版编目（CIP）数据

数字金融变革：政策引领与学术启示 / 许泳昊，邹文博著. -- 北京：中国财政经济出版社，2024.6

（中南财经政法大学青年学术文库）

ISBN 978 - 7 - 5223 - 3092 - 1

Ⅰ.①数… Ⅱ.①许… ②邹… Ⅲ.①数字技术 - 应用 - 金融业 - 研究 - 中国 Ⅳ.①F832 - 39

中国国家版本馆 CIP 数据核字（2024）第 081208 号

责任编辑：高文欣　　责任印制：史大鹏
封面设计：智点创意　　责任校对：张　凡

数字金融变革：政策引领与学术启示
SHUZI JINRONG BIANGE:
ZHENGCE YINLING YU XUESHU QISHI

中国财政经济出版社 出版
URL：http：//www.cfeph.cn
E - mail：cfeph@cfeph.cn

社址：北京市海淀区阜成路甲 28 号　邮政编码：100142
营销中心电话：010 - 88191522
天猫网店：中国财政经济出版社旗舰店
网址：https：//zgczjjcbs.tmall.com
中煤（北京）印务有限公司印刷　各地新华书店经销
成品尺寸：170mm × 240mm　16 开　8.75 印张　125 000 字
2024 年 6 月第 1 版　2024 年 6 月北京第 1 次印刷
定价：40.00 元
ISBN 978 - 7 - 5223 - 3092 - 1
（图书出现印装问题，本社负责调换，电话：010 - 88190548）
本社质量投诉电话：010 - 88190744
打击盗版举报热线：010 - 88191661　QQ：2242791300

《中南财经政法大学青年学术文库》
编辑委员会

前　言

在近十年的历程中，中国的金融领域经历了一场前所未有的变革，数字金融的崛起成为其中最引人注目的篇章。从互联网金融的初步探索，到金融科技的全面应用，再到数字金融的深度融合，每一步都见证了技术与金融的紧密交织，也映射出政府监管策略的不断进步与精细调控。

在这场波澜壮阔的变革中，政府与学术界各自扮演着不可或缺的角色。政府高瞻远瞩，从宏观的战略规划和风险监管层面出发，为数字金融的健康发展绘制了清晰的蓝图。通过制定一系列具有前瞻性的政策和制度，政府不仅为数字金融的创新提供了广阔的空间，更为其稳健运行提供了坚实的保障。学术界则深入钻研，从微观层面揭示数字金融对社会经济、企业经营以及居民生活的深刻影响。他们的研究不仅丰富了我们对数字金融的理解，更为其未来的发展提供了宝贵的建议。

数字金融的广泛应用，不仅极大地提升了金融服务的效率和便捷性，更在无声无息中改变了我们的生活方式。如今，无论是购物支付、投资理财，还是日常消费，数字金融都已成为我们生活中不可或缺的一部分。同时，数字金融的崛起也为传统金融机构带来了新的挑战和机遇，推动它们加速转型，以更好地适应数字化时代的需求。

然而，数字金融的发展并非一帆风顺。在享受其带来的便利的同时，我们也面临着信息安全、隐私保护等一系列新的挑战。因此，如何在确保安全的前提下，进一步推动数字金融的创新和发展，成为摆在我们面前的重要课题。

本书旨在全面梳理近十年来中国数字金融的发展历程，深入探讨政府以及金融机构在推动数字金融发展中所扮演的角色和面临的挑战。在此基础上，我们结合了学术界关于数字金融的研究成果，分别从金融机构，企业以及居民三个角度，探讨了数字金融的影响。我们希望通过本书，为读者提供一个全面了解数字金融的窗口，同时也为数字金融的未来发展提供一些思考和启示。

在本书的撰写过程中，我们得到了众多专家、学者和金融机构的支持和帮助。他们的宝贵意见和建议，使本书的内容更加丰富和深入。同时，本书也非常感谢张飞扬和孙雪萌两位同学的校正与修订。在此，我们向他们表示衷心的感谢！本书感谢国家自然科学基金青年项目（72202235）、高等学校学科创新引智基地（B21038）、中央高校基本科研业务费专项资金（2722023EJ002）、中国博士后科学基金（2023T160731）的资助。

最后，我们期待本书能够成为数字金融领域的一部重要参考著作，为数字金融的研究和实践贡献一份力量。同时，我们也期待与广大读者共同探讨数字金融的未来发展之路，共同见证数字金融为我们的生活带来更多美好的变化。

目　录

第1章
引　言

在过去的十余年里，中国金融领域经历了深刻的变革。从互联网金融的兴起，到金融科技的飞速发展，再到如今数字金融的新潮流，这几轮转型不仅展现出金融业与科技深度融合的趋势，也反映了政府监管策略的不断调整。目前，在数字金融这一新兴领域，政府和学术界都展现出了极大的关注和研究热情。

中国政府对于数字金融的发展寄予厚望，不仅在政策层面给予了大力支持，还从战略层面进行了全面规划，以期通过数字金融推动经济社会的持续繁荣。与此同时，学术界也对数字金融展开了深入研究，试图从不同维度、不同层面揭示其对社会经济、企业经营以及居民生活的深远影响。

然而，数字金融作为一个新兴且快速发展的领域，其定义和边界尚未完全清晰。尽管政府和学术界都认识到了数字金融的重要性，但在具体定义和理解上仍存在一定差异。这种差异不仅体现在对数字金融本质的认识上，也反映在对其发展路径和潜在风险的判断上。

因此，本章将重点探讨政府和学术界对于数字金融的定义和理解。通过对比分析政府和学术界对于数字金融的定位，我们可以更全面地了解数字金融的本质和内涵，也可以更深入地探讨其未来发展的可能性和挑战。这对于准确把握数字金融的发展趋势，制定科学合理的政策措施，以及推动相关学术研究，都具有重要意义。

1.1 政府视角：金融业的数字化转型

1.1.1 互联网金融

中国金融领域正经历着前所未有的变革。这场变革始于互联网金融的兴起。在政府的大力推动和政策支持下，互联网金融迅速发展壮大，成为金融创新和改革的重要驱动力。然而，在互联网金融迅速壮大的同时，规范与风险的挑战也随之而来，这导致政府策略逐渐从鼓励转向规范和风险防范。紧接着，金融科技的兴起进一步推动了金融业的深刻变革，技术的力量为金融产品、经营模式和业务流程注入了新的活力。近年来，数字金融概念的提出预示着金融领域将朝着更加数字化、智能化的方向发展。这一系列转变不仅展现了中国金融业在创新、发展和监管方面的动态变化，也揭示了未来面临的挑战和机遇。本书将在这一小节中梳理政府视角下中国金融从互联网金融到数字金融的转型过程。

为全面贯彻落实党的十八大以及十八届二中、三中、四中全会精神，按照党中央、国务院决策部署，并遵循“鼓励创新、防范风险、趋利避害、健康发展”的总体要求，中国着眼于金融业的健康发展，进一步推进金融改革创新和对外开放。为了促进互联网金融健康发展，经党中央、国务院同意，人民银行、工业和信息化部、公安部、财政部、工商总局、法制办、银监会、证监会、保监会和国家互联网信息办公室，在2015年7月14日联合发布了《关于促进互联网金融健康发展的指导意见》。该意见对互联网金融进行了明确的定义，即“互联网金融是传统金融机构与互联网企业（以下统称从业机构）利用互联网技术和信息通信技术实现资金融通、支付、投资和信息中介服务的新型金融业务模式”。

在明晰了互联网金融的定义后，上述部门这份意见主要围绕以下六个方面提出了促进互联网金融发展的意见：

第一，鼓励创新：支持互联网金融平台、产品和服务创新，激发市场活力。具体举措包括支持有条件的金融机构建设创新型互联网平台开展网络银行、网络证券、网络保险、网络基金销售和网络消费金融等业务。

第二，提倡合作共赢：鼓励从业机构之间相互合作，实现优势互补。例如，支持各类金融机构与互联网企业开展合作，为第三方支付机构和网络贷款平台等提供资金存管、支付清算等配套服务。

第三，拓宽融资渠道：支持社会资本发起设立互联网金融产业投资基金，并鼓励从业机构与创业投资机构、产业投资基金深度合作，同时鼓励符合条件的优质从业机构在境内资本市场上市融资。

第四，提供优质服务：各金融监管部门要积极支持金融机构开展互联网金融业务，并按照法律法规规定，对符合条件的互联网企业开展相关金融业务实施高效管理。

第五，落实财税政策：按照税收公平原则，对于符合中国现行对中小企业特别是小微企业税收政策条件的从业机构，可按规定享受税收优惠政策。同时，结合金融业营业税改征增值税改革，统筹完善互联网金融税收政策。

第六，推动信用基础设施建设：培育互联网金融配套服务体系，支持大数据存储、网络与信息安全维护等技术领域基础设施建设，并鼓励从业机构依法建立信用信息共享机制。

总体而言，这份意见旨在通过多方面的政策和措施，促进互联网金融的健康发展，提升金融服务的效率和质量，深化金融改革和创新发展，构建多层次的金融服务体系，从而为中国的经济发展注入新的活力。

此外，从中国每年度的政府工作报告中也可以观察到中国政府对于互联网金融发展规划的转变。

2014 年，政府强调要深化金融体制改革，促进互联网金融健康发展，完善金融监管协调机制。此时的互联网金融还处于一个相对初级的阶段，重点在于推进金融体制改革和完善监管机制。

2015 年，报告指出需要大力调整产业结构，支持包括互联网金融在内的战略性新兴产业的发展。此时，互联网金融作为新兴产业之一，得到了政策支持。

2016 年，中国政府开始强调规范发展互联网金融。此时，互联网金融的发展已经到了一定的规模，需要更加严格的监管和规范。

2017 年，政府提出需要抓好金融体制改革，对不良资产、债券违约、影子银行、互联网金融等累积风险要高度警惕。这一年重点转向风险防范，说明互联网金融的发展已经带来了一定的风险，需要更加重视和防范。

2018 年，中国政府强调推动重大风险防范化解，强化金融监管统筹协调，健全对影子银行、互联网金融、金融控股公司等的监管。这一年的重点在于风险防范和化解，以及对互联网金融等新型金融形式的强化监管。

综上所述，政府工作报告对互联网金融的定位和规划从最初的推进金融体制改革、完善监管机制，到支持发展，再到规范发展，最后到风险防范和化解以及强化监管。这反映了互联网金融在中国的发展历程和政策环境的变化。

1.1.2 金融科技

随着互联网金融发展进入较为成熟的阶段，金融科技技术的应用给金融行业带来新的发展机遇和挑战。2020 年，中国政府在其政府工作报告中也首次提到了金融科技。在这一新时期，中国政府充分借鉴互联网金融发展过程中总结的经验，同样采取了在初期放松管制、后期加强监管的策略。不同之处在于，金融科技发展初期，中国政府就强调了对于金融风险的监管。同样在 2020 年政府工作报告中，政府提出“完善考核激励机制，鼓励银行敢贷、愿贷、能贷，大幅增加小微企业信用贷、首贷、无还本续贷，利用金融科技和大数据降低服务成本，提高服务精准性。大幅拓展政府性融资担保覆盖面并明显降低费率。大型商业银行普惠型小微企业贷款增速要高于 40%。促进涉企信用信息共享。支持企业扩大债券融资。加强监管，防止资金“空转”套利，打击恶意逃废债”。从这一系列举措中可以发现，中国政府在金融科技发展的初期就明确提出要加强监管，防止资金“空转”套利。

在 2021 年政府工作报告中，中国政府则更是进一步强化了对金融科技的监管要求，提出“强化金融控股公司和金融科技监管，确保金融创新在审慎监管的前提下进行。完善金融风险处置工作机制，压实各方责任，坚决守住不发生系统性风险的底线。金融机构要坚守服务实体经济的本分”。

总体上，中国政府表明金融需要在继续支持实体经济的基础上，更加注重深化财税金融体制改革，加强金融市场的建设和监管，以及防范金融风险，确保金融创新和金融科技在审慎监管的前提下发展。

同一时期，为了全面贯彻党中央、国务院决策部署，促进我国金融科技健康可持续发展，中国人民银行在《金融科技（FinTech）发展规划（2019—2021 年）》（以下简称“规划”）中明确了金融科技发展的指导思想、基本原则、发展目标、重点任务和保障措施。根据该规划，金融科技的定义如下：金融科技是技术驱动的金融创新，旨在运用现代科技成果改造或创新金融产品、经营模式、业务流程等，推动金融发展提质增效。这一定义强调了金融科技以技术为手段、以金融为目标的特点，同时指出金融科技有潜力产生新的商业模式、应用、流程或产品，从而对金融服务的提供方式产生重大影响。

在规划中，中国人民银行明确指出，金融科技是技术驱动的金融创新，其影响深远，会产生“重大影响”。这意味着金融科技不仅是对金融产品和服务的改进，更是对整个金融业生态的深刻变革。

规划也强调了金融科技的重要性和发展基础。文件指出，金融是现代经济的核心，而金融科技的发展有助于提升金融服务的质量和效率，优化金融发展方式，筑牢金融安全防线，进一步增强金融核心竞争力。

规划同样明确提出金融科技发展的总体要求。文件提出要全面贯彻党中央、国务院的决策部署，以提升金融服务质量和效率、优化金融发展方式、筑牢金融安全防线为目标，促进中国金融科技的可持续发展。

规划还确定了金融科技发展的重点任务。文件提出了六个方面的重点任务，包括加强金融科技的战略部署、合理应用金融科技、赋能金融服务提质增效、增强金融风险技防能力、加大金融审慎监管力度以及夯实金融科技的支撑基础。

最后，规划还制定了保障措施以推动规划的实施。文件提出了加强组织统筹、加大政策支持、完善配套服务、强化国际交流以及做好宣传贯彻等保障措施，以推动规划的有效实施。

综上所述，《金融科技（FinTech）发展规划（2019—2021 年）》明确了金融科技的重要性和发展方向，提出了具体的重点任务和保障措施，旨在推动中国金融科技的可持续发展，提升金融服务的质量和效率，优化金融发展方式，筑牢金融安全防线。

1.1.3　数字金融

在互联网金融充分发展和金融科技迅速崛起这一背景下，“数字金融”这一词汇也开始逐渐被中国政府使用。然而，值得注意的是，在2021年3月11日公布的《中华人民共和国国民经济和社会发展第十四个五年规划纲要》中，仅提到了“数字经济”这一概念，并未单独强调“数字金融”。在这一时期，中国政府仍然使用的是“金融科技”一词，具体的规划强调“稳妥发展金融科技，加快金融机构数字化转型。强化监管科技运用和金融创新风险评估，探索建立创新产品纠偏和暂停机制”。在明确数字经济与金融科技相关规划的基础上，中国人民银行和银保监会等部门则明确并提出了数字金融的相关规划。本节将在梳理“十四五”规划中数字经济这一概念的基础上，进一步剖析数字金融这一个概念。

根据“十四五”规划，可以发现数据要素是数字经济发展的核心资源，数字技术的创新和应用是数字经济发展的基础，数字产业化和产业数字化转型是数字经济发展的重要方向，数字社会和数字政府的建设则是数字经济发展的重要支撑。因此，根据“十四五”规划推动数字经济发展需要注意如下几个方面：

首先，需要发挥数据要素的潜能。规划强调了数据的重要性，指出要激活数据要素的潜能，推进网络强国建设，加快建设数字经济、数字社会、数字政府。通过数字化转型，可以推动生产方式、生活方式和治理方式的变革。

其次，应当加强关键数字技术的创新应用。规划强调了关键数字技术的重要性，包括高端芯片、操作系统、人工智能关键算法、传感器等。这些技术是数字经济发展的基础，需要加强研发突破与迭代应用。

再次，加快推动数字产业化必不可少。规划指出要培育壮大新兴数字产业，包括人工智能、大数据、区块链、云计算、网络安全等。同时，也要提升通信设备、核心电子元器件、关键软件等产业水平，构建基于5G的应用场景和产业生态。

最后，加快数字社会建设的步伐刻不容缓。规划中特别强调了数字化服务的重要性，指出要推动数字化服务普惠应用，持续提升群众获得感。同时，也要加强智慧城市和数字乡村建设，完善城市信息模型平台和运行管理服务平台，探索建设数字孪生城市。此外，规划中还指出，需要提高数字政府建设水平，要将数字技术广泛应用于政府管理服务，推动政府治理流程再造和模式优化，不断提高决策科学性和服务效率。加强公共数据开放共享，持续深化政务信息系统整合。

为稳妥发展金融科技，加快金融机构数字化转型，人民银行于 2021 年 12 月组织编制了《金融科技发展规划（2022—2025 年）》，该规划虽然仍未明确提出数字金融的概念，但是着重强调了金融数字化的重要性。为了直观地对比该规划与《金融科技（FinTech）发展规划（2019—2021 年）》的差异，本书统计了“数字”一词在两份规划中出现的频数差异，其中《金融科技（FinTech）发展规划（2019—2021 年）》仅提到了 9 次“数字”一词，而《金融科技发展规划（2022—2025 年）》则共计提到 93 次“数字”一词，是前者的 10 倍之多。

另外，《金融科技发展规划（2022—2025 年）》提到，在“十四五”时期，金融科技发展将迎来新的机遇和挑战。为了更好地适应数字化时代的需求，金融科技需要加强治理体系的建设，充分释放数据要素的潜能，并打造新型的数字基础设施。这三方面不仅是金融科技适应未来趋势的关键，也是推动整个行业持续创新和安全发展的基石。

首先，在治理体系方面，要坚持促进创新与防范风险相统一、制度规范与自我约束相结合的原则，加快出台符合国情、与国际接轨的金融科技伦理规范。同时，还要建立健全智能化运维机制，加强多场景协同联动、多节点一体管控，提升节点感知、异常发现和故障预测能力，降低人工操作风险。

其次，在数据要素方面，要深刻认识数据要素的价值，制定企业级数据规划和发展战略，明确数据工作机制、基本目标、主要任务、实施路径等。同时，还要建立协调一致、涵盖数据全生命周期的数据治理体系，统一数据编码规则和接口规范，运用模式识别、数据标签等手段提升数据分类施策水平。

最后，在新型数字基础设施方面，要建设绿色高可用数据中心，综合功能定位、区域分布、网络通信、电力保障等统筹规划数据中心，建设资源更均衡、供给更敏捷、运行更高效的金融信息基础设施。同时，还要架设安全泛在的金融网络，优化建设高可靠冗余网络架构，提升金融网络健壮性和服务能力。此外，还要布局先进高效的算力体系，加快云计算技术规范应用，稳妥推进金融业务上云。

总之，“十四五”时期的金融科技发展将更加注重治理体系的建设、数据要素的释放和新型数字基础设施的打造。这些举措将有助于推动金融科技更好地适应数字化时代的需求，提升服务实体经济的能力和水平。

总体而言，互联网金融主要得益于互联网技术和信息通信技术的应用，使传统金融机构和互联网企业能够实现资金融通、支付、投资和信息中介服务。在中国，互联网金融得到了政府的大力支持和市场的广泛认可，已经成为一个快速发展的产业。政府出台了一系列政策和措施，鼓励互联网金融创新和发展，推动金融改革和开放，为经济发展注入新的活力。同时，监管部门也加强了对互联网金融的监管和管理，保障金融市场的稳定和健康发展。

金融科技是技术驱动的金融创新，旨在运用现代科技成果改造或创新金融产品、经营模式、业务流程等，从而推动金融业发展提质增效。金融科技中人工智能、大数据、云计算、物联网等信息技术与金融业务深度融合，对整个金融业生态产生了深刻变革，不仅提升了金融产品和服务的品质，还优化了金融发展方式，筑牢了金融安全防线，进一步增强了金融的核心竞争力。

中国人民银行在最新规划中提到的数字金融则更加强调金融科技中数字化技术的应用。首先，数字金融的最基本特点就是数字化，所有的金融服务都可以通过互联网或移动设备来实现，无需物理网点或人工服务。其次，数字金融更多强调了金融科技中智能化的部分，即利用大数据、人工智能等技术手段，实现风险评估、客户管理、产品推荐等智能化服务，提高服务效率和客户体验。此外，普惠化也是数字金融的又一重要特征，如数字金融能够突破物理网点的限制，将金融服务普及到更多的人群和地区，实现金融服务的普惠化。最后，数字金融的监管也更加科技化，即通过数据挖掘、人工智能等技术手段，实现对数字金融的智能化监管。

综上所述，互联网金融，金融科技与数字金融在中国政府的规划中，呈现出一种递进的关系，其背后都是技术进步给金融行业带来的深刻变革。在互联网金融发展时期，中国政府主要采取了先放松管制，随后加强监管的方式，使中国互联网金融在短时间内得到了快速的发展，并及时控制了相应的风险。在随后的金融科技与数字金融发展的时期，政府则从一开始就加强了对于金融风险的监管。根据中国政府规划，数字金融的发展对推动中国金融科技的可持续发展、提升金融服务的质量和效率、优化金融发展方式、筑牢金融安全防线具有重要意义。同时，数字金融也在推动数字经济发展、普惠化数字化服务、提升数字政府建设水平等方面发挥着关键作用。

1.2 学术视角：数字金融的定义与评估

随着数字技术的飞速发展，数字金融已经成为全球金融领域变革的重要驱动力。在中国，这一变革的影响尤为显著，受到了政府、学术界乃至社会各界的高度关注。中国政府为数字金融的全面发展制定了宏大规划，期望其能推动经济社会的持续繁荣。同时，中国的学术界也积极投身于数字金融的研究中，深入探索其对社会经济效应、企业经营模式以及居民日常生活的深远影响。

在深入研究数字金融之前，首先对其进行明确的定义是不可或缺的。尽管目前学术界对于数字金融的准确定义尚未达成完全一致，但普遍认同的是，数字金融是以数字技术驱动的金融创新。它改变了传统金融服务的提供方式和业务流程。另外，为了全面、准确地衡量数字金融的发展状况，学术界已从多个维度构建了一系列评估指标。

这些评估指标覆盖了从宏观到微观的各个层面，并大致可分为区域型和企业型两大类。区域型指标主要集中于评估国家及各地区数字金融的整体发展状况。通过综合评估不同地区的金融科技应用、政策环境、基础设施建设等多个方面，为我们呈现了一幅数字金融发展的全景图。企业型指标则聚焦于微观层面，通过评估上市公司或金融机构在数字金融领域的具体实践和创新成果，展示了数字金融在推动企业转型升级、提升市场竞争力等方面的巨大潜力。

1.2.1 区域型数字金融指数

在数字技术日益发展的当下，区域型指标和企业型指标成为评估中国数字金融发展状况的两大关键工具。其中，区域型指标是一套综合的评估体系，旨在全面而深入地衡量中国各年份的数字金融或金融科技的发展状况。这套体系不仅关注国家层面的宏观发展，还将视线延伸至各个省市，针对不同地区的数字金融发展程度，设定了相应的具体衡量标准。这些具体指标旨在捕捉各区域在数字金融领域的独特发展轨迹和特点，从而为政策制定者和市场参与者提供更为细致和深入的信息参考。

在当前的学术研究中，关于如何构建数字金融或者金融科技代理变量的方法，学者们持有不同的观点。一部分学者选择从国家宏观层面入手，构建了能够反映金融科技发展变化的时间序列变量。他们通过收集和分析国家层面的数据，尝试揭示金融科技在整体经济和社会发展中的角色和影响。

另一部分学者则采用了文本挖掘的方法，构建了涵盖支付结算、资源配置、财富管理和网络渠道等多个领域的子指数，以全面评估金融科技在不同功能领域的发展情况。他们进一步将这些子指数综合成一个全国范围内的金融科技发展指数，用以衡量金融科技在全国范围内的整体发展水平。

此外，还有一些学者选择使用全国范围内的第三方在线支付规模，或是网络贷款和第三方在线支付规模与银行总资产的比值，作为衡量金融科技发展水平的指标。他们认为这些指标能够反映出金融科技在支付、贷款等核心业务领域的应用和发展情况。

然而，考虑到我国地域广阔，不同地区在经济发展、产业结构、科技水平等方面存在显著差异，全国层面的指标往往难以准确反映出每个地区数字金融的实际发展程度。因此，为了更精确地衡量各地区的金融科技发展水平，一些学者开始构建省市层面的相关指标。例如，有学者运用文本挖掘方法，将金融科技指数的应用范围扩展至地级市层面，以期更精确地描绘金融科技在城市群或区域经济的发展情况。同时，还有学者利用阿里巴巴等电商平台的大数据资源，构建了北京大学数字普惠金融指数。该指数不仅能够较好地衡量县级及以上地区的金融科技发展水平，而且在实际应用中已被广泛接受和使用，成为目前地区层面数字金融指数的重要参考之一。相关研究表明，中国各地区以及企业之间在数字金融发展上存在着显著的不均衡性。为了更全面、更深入地理解这种不均衡性，学者们正在尝试设计各种指标，以衡量每个企业在数字金融领域的发展水平。这些指标主要基于问卷调查和文本分析两种方法进行构建和评估。

1.2.2　企业型数字金融指数

企业型数字金融指数专注于微观层面，其主要任务是评估不同上市公司或金融机构在数字金融领域的发展进程和成果。这一指数对于了解企业在数字化转型中的表现、识别行业中的领军者以及发现潜在的风险点具有重要意义。通过这种指数，学者们可以更为清晰地观察到各个企业在数字金融发展浪潮中的位置和角色，从而为投资决策和业务发展提供参考依据。

对于企业层面的数字金融指数，早期的研究往往基于问卷调查的方法来构建。[①] 这些指标可用于揭示企业在数字金融发展上的不同层面和程度。例如，戴亦舒等（2020）的研究就是通过对企业管理人员进行问卷调查，来评估企业在数据整合能力上的强弱。杨震宁等（2021）则设计了一套包含 14 个问题的问卷，针对 7 种数字化技术在全国范围内进行了大规模的调查，共收集到 615 份有效问卷。该研究旨在通过这套问卷来全面衡量企业在数字化技术应用上的广度和深度。但需要指出的是，尽管问卷调查方法可以深入到企业数字化的微观层面进行探索和研究，但由于其采样规模相对较小、样本的代表性可能不足，且存在难以进行跨时段的动态追踪等问题，使这种方法在进行大规模样本分析和长期影响评估时存在一定的局限性和挑战。

与此同时，越来越多的学者开始尝试利用文本分析方法，通过分析公司公开披露的文本信息来研究企业的数字化程度。例如，王永进等

① 问卷调查作为一种普遍采用的度量方法，其操作方式是通过设计量表来收集数据，并基于问卷的回答结果来构建相应的指标。

（2017）采用了信息化系统建设等投入指标来衡量企业的数字化水平。柏培文和喻理（2021）则通过分析上市公司的各类公开文本，提取其中与数字化相关的信息来构建测度指标。此外，还有一些研究通过构建一个数字化关键词库，然后统计这些关键词在企业年报中出现的频率，以此来衡量企业在数字化上的进展和程度。这些基于文本分析的研究方法为我们打开了一个新的窗口，使我们能够更为全面和深入地理解企业的数字化进程和现状。

在谢绚丽和王诗卉（2022）的研究之前，大多数研究局限于案例研究或理论探讨。因而，银行在巨额投入数字化转型后，并没有大规模且可靠的定量分析来验证其效果。随后，谢绚丽和王诗卉（2022）基于银保监会的数据统计发现，2020年，我国银行机构信息科技的总投入资金高达2078亿元，同比增长20%，其中部分银行在科技投入上的支出占其总营收的比重超过了4%。尽管如此，当时并没有学者能够确认这些投入是否真的有效地推动了我国商业银行的数字化转型进程。为了解答这一问题，谢绚丽和王诗卉（2022）构建了一套科学且全面的指标体系，旨在定量评估我国商业银行的数字化转型程度，从而为相关研究提供测量工具和参考。

这套指标体系在构建时参考了常规的数字化指标测量方法，对我国商业银行的数字化转型程度进行了有效的评估。在这个评估体系中，数字化过程被细分为三个关键维度：战略数字化、业务数字化和管理数字化。其中，战略数字化被视为企业数字化的基础，而业务数字化和管理数字化则是战略数字化实施过程中的重要环节。基于这三个关键维度，他们全面、客观地评估了我国商业银行的数字化转型现状和发展动向。

具体来看，谢绚丽和王诗卉（2022）根据这套指标体系，从战略数字化、业务数字化和管理数字化三个层面对我国商业银行的数字化转型现状和发展动向进行了定量的分析。在战略数字化方面，他们主要运用基于词典的文本分析方法，对银行年报文本中与数字技术相关的124个词汇的出现频率进行了分析，并据此构建了相应的指标。在业务数字化方面，他们主要关注银行是否在自身服务中融入了数字技术，并从数字化渠道、数字化产品和数字化研发三个视角进行了定量的分析。其中，数字化渠道主要衡量银行是否推出手机银行App和微信银行服务；数字化产品主要考察银行是否推出互联网理财、互联网信贷和电子商务等产品；数字化研发则主要统计银行在专利申请摘要中是否包含与数字技术相关的关键词。在管理数字化方面，他们的研究涵盖了数字化架构、数字化人才和数字化合作三个领域。其中，数字化架构主要包括银行内部组织架构的调整和建立金融科技子公司；数字化人才则通过评估高管团队和董事会中具备信息科技背景的人员占比来衡量；而数字化合作则通过年报中的关键词搜索来判断银行是否与外部科技公司进行合作。

综上所述，数字金融已逐渐成为中国乃至全球金融领域的重要议题。中国高度重视数字金融的发展，为其勾勒出了宏伟的蓝图。与此同时，中国的学术界也在探讨研究数字金融对社会经济效应、企业经营以及居民生活的影响。尽管目前对于数字金融的定义尚未达成共识，但对其发展的探索与研究却从未止步。

从宏观的国家层面到微观的企业层面，数字金融指标呈现出两大主要类别：区域型和企业型。区域型指标为我们提供了对中国及各省市数字金融发展状况的全面视角，不仅涵盖了国家层面的宏观数据，还进一步深入各个区域，揭示了数字金融在不同地区的发展特点。相对而言，企业型数字金融指数则聚焦于上市公司或金融机构，为我们展示了企业在数字金融领域中的表现和发展轨迹。

现有的学术研究在构建金融科技代理变量方法上呈现出多样性。部分学者采用宏观时间序列数据，捕捉金融科技在国家经济和社会发展中扮演的角色，而另一些则运用文本挖掘技术，从多个功能领域对金融科技的发展进行深入探索。此外，考虑到中国广袤的地域和各地区间的差异性，一些研究更进一步将金融科技指数的应用扩展至省市乃至县级层面，以期更精确地反映各地区的实际发展程度。

展望未来，数字金融的发展将继续深化，并且可能带来更多的创新与突破。对于政策制定者而言，如何根据各地区的实际情况制定合适的策略以促进数字金融的均衡发展，将是一个重要的议题。而对于企业和金融机构来说，如何在数字化转型中抓住机遇、规避风险，同样值得深入探讨。学术界的持续关注和深入研究，无疑将为数字金融的未来发展提供更为坚实的理论基础和实践指导。

第2章 数字金融制度赋能

本章旨在全面阐述政府制定数字金融相关政策的背景、意义及实施思路。在当前数字化快速发展的时代，数字和科技金融已成为推动实体经济增长的新动力。为此，党和政府精心制定了一系列切合实际、具有前瞻性的数字和科技金融制度与政策，为金融科技和数字金融的健康发展提供了坚实的指导和支持。接下来，本章将重点探讨四个核心要点：数字金融如何助推经济发展，数字金融的安全与风险管理，数字普惠金融的推进，以及数字金融标准化的重要性。

首先，政府出台的数字和科技金融制度与政策在促进金融创新和技术应用方面发挥了关键作用。这些政策不仅激励了金融科技企业的创新和发展，还推动了金融服务的数字化、智能化和高效化，为实体经济提供了更便捷、高效的金融服务，进而提升了企业的运营效率和竞争力。

其次，在数字金融快速发展的同时，政府也高度重视其安全与风险。政府通过出台一系列政策文件，如《关于促进平台经济规范健康发展的指导意见》《中华人民共和国数据安全法》等，对金融生态进行了全面且深入的规范与引导，旨在维护金融市场的稳定，保护投资者的权益。

再次，政府亦着力推进普惠金融的高质量发展。政府出台了多项文件，旨在通过加强金融基础设施建设、创新金融产品和服务模式等措施，实现普惠金融的普及和质量提升。尽管普惠金融的发展过程中仍面临一些挑战，但政府将继续加大扶持力度，推动金融机构在合作与创新方面取得新突破。

最后，数字金融标准化被视为是推动金融业高质量发展的关键。未来，数字金融标准化工作预计将在国际合作、动态更新、数据安全与隐私保护等多个方面持续深化。提升全行业的标准化意识将有助于推动数字金融标准化工作的深入实施，进而促进金融业整体的高质量发展。

综上所述，政府的数字金融政策不仅为实体经济带来了新的发展机遇和动力，而且通过强化监管和完善体系等措施确保了金融市场的稳定和投资者的权益。随着技术的持续进步和政策的不断完善，数字金融将在助力经济发展、提升普惠金融质量以及推动金融业整体高质量发展等方面发挥更加重要的作用。本章将在后续 4 个小节详细阐述数字金融相关制定的背景、意义与实施思路。

2.1　数字金融与发展：完善制度与推动行业发展

党和政府制定数字和科技金融制度与政策，对于助力国家实体经济的发展具有重要意义。结合党和政府颁布的数字金融相关制度，本节从数字金融助力各行各业发展的角度，探讨党和政府在制度与政策制定上的逻辑。具体而言，党和政府制定的数字助力行业发展的政策可以归为以下三类：第一，支持数字金融相关基础设施建设，推动金融创新和技术应用；第二，推动数字金融与实体经济深度融合；第三，通过数字金融培育新的经济增长点和产业发展方向。

首先，数字和科技金融制度与政策促进了金融创新和技术应用。通过鼓励金融科技企业的创新和发展，党和政府推动了金融服务的数字化、智能化和高效化。这为实体经济提供了更便捷、高效的金融服务，提升了企业的运营效率和竞争力。

其次，数字和科技金融制度与政策还推动了金融与实体经济的深度融合。通过建立数字支付体系、推动大数据、人工智能和区块链等前沿技术在金融领域的应用，党和政府促进了金融与实体经济的紧密结合。这有助于打破传统金融的壁垒，提升金融服务的覆盖面和普惠性，为实体经济提供更广泛、更灵活的融资渠道。

最后，数字和科技金融制度与政策还培育了新的经济增长点和产业发展方向。通过支持数字经济和科技创新产业的发展，党和政府推动了实体经济的转型升级。数字和科技金融的发展为新兴产业和创新企业提供了更多的融资和投资机会，进而推动了国家经济结构的优化和实体经济的进一步发展。

综上所述，党和政府制定数字和科技金融制度与政策在助力国家实体经济发展方面起到了至关重要的作用。通过促进金融创新、深化金融与实体经济的融合，以及培育新的经济增长点等方面的举措，为实体经济提供了新的发展机遇和动力，推动了国家经济的增长和实体经济的转型升级。

党和政府在制定金融相关制度时，会充分考虑同时期技术的发展水平。正如第一章所述，回顾数字金融发展的历程，我们可以看到，党和政府早在2015年就意识到了互联网金融——数字金融的早期形态——发展的重要性。那一年，党和政府指出，我国在互联网技术、产业、应用以及跨界融合等方面取得了积极进展，已具备加快推进“互联网+”发展的坚实基础，但也存在传统企业运用互联网的意识和能力不足、互联网企业对传统产业理解不够深入、新业态发展面临体制机制障碍、跨界融合型人才严重匮乏等问题，亟待加以解决。因此，国务院于2015年7月4日发布了《关于积极推进“互联网+”行动的指导意见》。该意见指出，推进“互联网+金融”行动，有助于打造新的经济增长动力，促进金融提质增效，推动实体经济创新和发展。在这一意见框架下，国务院重点强调了互联网与普惠金融的发展需要紧密结合。

从发展“互联网+金融”的重点任务角度来看，该意见可以归纳为以下五点。第一，意见提出要推动金融科技创新，即要加强金融科技研发和应用，促进金融与科技紧密结合。支持金融机构和互联网企业加强合作，创新支付、投融资等金融产品和服务模式。第二，提升金融风险管理水平，即要建立健全风险管理机制，加强金融风险监测和预警。同时，要保护消费者合法权益，确保金融市场的安全和稳定。第三，加强金融基础设施建设，即要完善金融基础设施体系，包括支付、清算、征信等体系的建设。同时，要加强金融信息安全保障，确保金融数据的安全和保密性。第四，优化金融生态环境，即要加强金融监管和自律机制建设，营造良好的金融生态环境。第五，推动普惠金融发展，即要让更多人享受到便捷、高效的金融服务。

除了互联网技术，在 2015 年的大数据发展背景下，政府也意识到了大数据基础设施建设对于国家未来发展的重要性。为此，国务院于 2015 年 9 月 5 日出台了《关于促进大数据发展的行动纲要》（以下简称《纲要》）。该《纲要》明确指出，尽管我国在大数据的发展和应用方面已建立了一定的基础，并且拥有巨大的市场优势和发展潜力，但也面临诸如政府数据开放共享不足、产业基础薄弱、缺乏顶层设计和统筹规划等挑战。相对于通过大数据助力金融行业本身的发展，该《纲要》更多强调了鼓励企业发展大数据。在此基础上，《纲要》鼓励金融机构通过企业大数据，深入了解企业的需求和风险，并基于大数据相关的方法，更好地识别不同企业的融资需求与风险，从而缓解企业融资约束。

在国务院制定了较为明确的关于"互联网 + 金融"，以及大数据金融相关的政策与意见的基础上，中国人民银行作为关键的金融部门，在 2016 年 2 月 14 日发布了《关于金融支持工业稳增长调结构增效益的若干意见》。该意见旨在讨论如何加强货币信贷政策支持、加大资本市场和保险市场对工业企业的支持力度、推动工业企业融资机制创新以及促进工业企业兼并重组等方面的措施，以营造良好的货币金融环境，支持工业发展。该意见主要对应了本节提出的政策逻辑中的第二点，即推动数字金融与实体经济深度融合。

具体来看，加强货币信贷政策支持是首要任务，包括加快工业信贷产品创新、改进工业信贷管理制度等措施。通过引导金融机构结合工业创新，加快发展支持工业领域大众创业、万众创新的金融产品和服务，以深入挖掘工业增长潜力，积极培育工业发展新动能。同时，还要推动行业主管部门明确工业结构调整和转型升级方向，加强金融机构同业沟通协调，积极开展联合授信，保持对工业企业的合理授信规模。

加大资本市场和保险市场对工业企业的支持力度也是重要的一环。要鼓励符合"中国制造 2025"和战略性新兴产业方向的制造业企业进行股权融资，扩大公司信用类债券发行规模，优化专项建设基金投向，支持有助于传统产业加快转型升级的重大技术改造工程和培育新经济增长点。同时，还要不断提高工业保险服务水平，为战略性新兴产业、先进制造业等提供资金支持。

推动工业企业融资机制创新也是必不可少的措施。这包括要大力发展应收账款融资，加强动产融资统一登记系统建设，改进完善应收账款质押和转让等登记服务。同时，还要探索推进产融对接融合，支持符合条件的工业企业集团设立财务公司。

此外，促进工业企业兼并重组也是重要的措施之一。这包括要优化工业企业兼并重组政策环境，进一步取消或简化上市公司兼并重组行政许可及审批事项，并优化审核流程。同时，还要助力工业企业走出去，简化境内企业境外融资核准程序，鼓励境内工业企业利用境外市场发行股票、债券和资产证券化产品。最后，政策还提到了加强风险防范的重要性。

在中国人民银行之后，进一步地，国务院于 2016 年 11 月 29 日推出了《“十三五”国家战略性新兴产业发展规划》。在这一规划中，政府虽然还没有明确提出数字经济与数字金融的相关概念，但是已经将数字创业产业首次纳入国家战略性新兴产业中。同时，该规划也重点强调了金融业对于服务数字创意产业融资的重要性。

在《“十三五”国家战略性新兴产业发展规划》中，政府特别强调了基于科技的金融产品创新，目的是增强金融服务创新力度。具体而言，该规划引导金融机构积极完善适应战略性新兴产业特色的信贷管理和贷款评审机制。探索构建战略性新兴产业投融资信息服务平台，以促进银企之间的深度合作。鼓励在数字创意、软件等领域建立无形资产确权、评估、质押、流转体系，积极倡导知识产权质押融资、股权质押融资、供应链融资、科技保险等金融产品的创新。引导政策性、开发性金融机构强化对战略性新兴产业的支持力度。推动发展一批服务于飞机、海洋工程装备、机器人等产业的融资租赁和金融租赁公司。加速设立国家融资担保基金，以支持战略性新兴产业项目的融资担保工作。

此外，《“十三五”国家战略性新兴产业发展规划》的附录文件中还提出了基于新型产业的金融科技创新，即引导金融机构积极完善适应战略性新兴产业特点的信贷管理和贷款评审制度，鼓励建设数字创意、软件等领域无形资产确权、评估、质押、流转体系，推进知识产权质押融资、股权质押融资、供应链融资、科技保险等金融产品创新。

截至 2016 年，在党和政府关于“互联网 + 金融”相关政策与规划的引导下，中国金融行业与互联网技术已经实现了深度融合。政府的政策重点逐渐从强调金融行业本身的发展转向金融对其他行业的支持。中国人民银行等多个部门在 2017 年 3 月 28 日共同发布了《关于金融支持制造强国建设的指导意见》。该指导意见提出要加大金融对制造强国建设的支持力度，推动制造业数字化转型。同时加强金融科技创新，提高金融服务效率。

具体地，在《关于金融支持制造强国建设的指导意见》中，首先，重点强调了持续改进对制造强国建设的金融支持和服务的重要性。其次，提出了积极发展和完善多元化金融组织体系的策略，发挥各类银行机构的差异化优势，形成金融服务协同效应。针对不同类型银行机构，提出了具体的业务方向和改进措施，如开发性、政策性金融机构在重点领域加大融资支持，全国性商业银行为制造业企业提供综合性金融服务，地方法人金融机构注重管理半径短的优势。最后，还提到了完善银行机构组织架构，提升金融服务专业化水平，规范发展制造业企业集团财务公司，加快制造业领域融资租赁业务发展等措施。

另外，该意见也强调了两类金融科技相关技术发展对于支持强国建设的重要性，这包括发展产业链金融产品和服务与鼓励金融机构信息共享和推动投贷联动金融服务模式创新。一方面，鼓励金融机构依托制造业产业链核心企业，积极开展仓单质押贷款、应收账款质押贷款、票据贴现、保理、国际国内信用证等各种形式的产业链金融业务，有效满足产业链上下游企业的融资需求。充分发挥人民银行应收账款融资服务平台的公共服务功能，降低银企对接成本。鼓励制造业核心企业、金融机构与人民银行应收账款融资服务平台进行对接，开发全流程、高效率的线上应收账款融资模式。研究推动制造业核心企业在银行间市场注册发行供应链融资票据。另一方面，推动投贷联动金融服务模式创新。稳妥有序推进投贷联动业务试点，鼓励和指导试点银行业金融机构以投贷联动方式，为科创型制造业企业提供持续资金支持，促进企业融资结构合理化，有效降低融资成本。建立银行及其投资功能子公司、政府贷款风险补偿基金、融资担保公司、保险公司间的风险分担和补偿机制，有效降低银行信贷风险。鼓励银行业金融机构与外部投资公司、各类基金开展合作，积极整合各自的资金、信息和管理优势，探索多样化的投贷联动业务，促进银企信息交流共享，实现合作共赢。

由此可见，《关于金融支持制造强国建设的指导意见》强调了金融科技发展对于其他行业的支持与服务作用，为制造业的发展提供了强有力的支撑，从而助力实现制造业的现代化和全面升级。

在《关于金融支持制造强国建设的指导意见》这类产业政策之外，国家发改委、工信部等于 2018 年 9 月 18 日发布了《关于发展数字经济稳定并扩大就业的指导意见》。该意见提出，通过发展数字经济与数字金融，进而稳定并扩大就业，促进经济转型升级和就业提质扩面互促共进。

值得注意的是，《关于发展数字经济稳定并扩大就业的指导意见》着重强调的是数字经济的发展，尚未明确指出数字金融的具体发展方向，但是该意见无疑为数字金融相关政策的制定与发展奠定了扎实的基础。

在总体要求方面，《关于发展数字经济稳定并扩大就业的指导意见》强调要深入推进创新驱动发展战略，加快数字基础设施建设，促进电子商务、共享经济等新业态蓬勃发展，培育更多新就业形态，吸纳更多就业。同时，该意见鼓励激发数字经济创新创业活力，厚植就业增长沃土。

在具体措施方面，该意见提出了一系列策略，包括推动数字产业发展壮大、促进传统产业数字化转型、加大融资政策支持力度、强化数字人才教育、加强数字技能培训、建设终身学习数字化平台体系、创新人才培养培训方式、吸引社会力量参与数字人才培养培训等。

其中，在加快培育数字经济新兴就业机会方面，意见强调要抓住数字经济发展机遇，深入推进创新驱动发展战略，加快数字基础设施建设，着力发展壮大互联网、物联网、大数据、云计算、人工智能等信息技术产业，做大做强平台企业，在带动经济转型提质过程中创造更多更高质量的新兴就业创业增长点。

而具体到金融支持数字经济发展，该意见提出建立孵化平台以及推进供应链创新网络建设的方式，促进数字经济的发展。具体地，该意见提出，做大做强数字经济创新创业服务孵化平台。支持建设一批数字经济创新创业孵化机构。完善以众创空间、孵化器为核心，创业企业、科研机构、金融机构、中介服务机构、资本市场和其他创业资源有机结合的创新创业服务网络。积极推进供应链创新与应用，支持构建以企业为主导，产学研用合作的供应链创新网络，建设跨界交叉领域的创新服务平台。

在《关于发展数字经济稳定并扩大就业的指导意见》以及党中央和各级政府提供的支持下，数字经济相关底层基础设施得到了显著发展，这为金融科技和数字金融相关政策的制定与技术的发展奠定了坚实的基础。

然而，在 2019 年之后，新冠疫情的冲击使党中央和国务院将重点任务转向于应对疫情。2019—2021 年，互联网金融和金融科技已经逐渐发展成熟。因此，在规划数字金融时，党中央和政府将重点定位在金融风险的控制与普惠金融的发展上，相关内容将在后续两个小节进行总结与梳理。而自 2022 年起，党中央和国务院则在数字经济和数字金融发展逐渐成熟的基础上，出台了一系列数字金融的相关政策，以进一步深化数字金融的改革。

随着信息技术的飞速发展和数字化时代的到来，数字经济已经成为全球经济增长的重要引擎。为了顺应这一趋势并推动中国数字经济的健康和可持续发展，国务院于 2022 年 1 月 12 日发布了《“十四五”数字经济发展规划》。《“十四五”数字经济发展规划》的发布，旨在进一步明确我国数字经济的发展方向和目标，为未来五年的数字经济发展提供重要指导。

该规划重点强调了以下三点重要的改革方向：

首先，加快金融领域数字化转型。规划强调了金融领域数字化转型的重要性，提出了合理推动大数据、人工智能、区块链等技术在银行、证券、保险等领域的深化应用。通过发展智能支付、智慧网点、智能投顾、数字化融资等新模式，提升金融服务的效率和用户体验。同时，规划还提出了稳妥推进数字人民币的研发和试点工作，以更好地服务实体经济。

其次，强化数字经济安全体系。规划强调了数字经济安全体系的建设，包括加强数字金融监管和风险防范。通过引导社会资本投向原创性、引领性创新领域，避免低水平重复、同质化竞争、盲目跟风炒作等行为。同时，加强动态监测，规范数字金融有序创新，严防衍生业务风险，保障金融市场的稳定和可持续发展。

最后，金融支持实体经济。规划提出了金融支持实体数字经济的重要举措。通过加大对数字经济薄弱环节的投入，突破制约数字经济发展的短板与瓶颈。同时，拓展多元投融资渠道，鼓励企业开展技术创新，支持符合条件的数字经济企业进入多层次资本市场进行融资，鼓励银行业金融机构创新产品和服务，加大对数字经济核心产业的支持力度。此外，还要加强对各类资金的统筹引导，提升投资质量和效益。

为了确保《“十四五”数字经济发展规划》的有效实施，国务院表示需要各级政府、金融机构、企业和社会各界的共同努力。政府部门应加大对数字经济的支持力度，完善相关政策法规体系；金融机构和企业应积极响应号召，加快数字化转型步伐；社会各界应共同营造一个良好的数字经济发展环境。为了响应国务院的号召，中国人民银行于 2022 年 1 月 21 日印发了《金融科技发展规划（2022—2025 年）》，旨在进一步明确我国金融科技的发展方向和目标，为未来四年的金融科技发展提供重要指导。该规划不仅是对《中华人民共和国国民经济和社会发展第十四个五年规划和 2035 年远景目标纲要》的响应，更是对《金融科技（FinTech）发展规划（2019—2021 年）》的继承和发展。

具体来看，《金融科技发展规划（2022—2025 年）》从以下八个方面拟定了金融科技的发展方向：

第一，强化金融科技治理与数字化能力，规划明确提出要加强金融科技的治理体系，通过全面塑造数字化能力，构建互促共进的数字生态。这一战略方向将有助于提升金融服务的透明度和公平性，保障消费者的合法权益。

第二，加强数据要素建设与应用，在数据要素方面，规划强调了在保障安全和隐私的前提下推动数据的有序共享与综合应用。通过充分激活数据要素的潜能，有力提升金融服务的质效，为金融业务创新提供强大支持。

第三，着力基础设施建设与算力体系布局，规划要求建设绿色高可用的数据中心，构建安全泛在的金融网络，并布局先进高效的算力体系。这些举措将进一步夯实金融创新发展的基础，为金融科技的快速发展提供坚实支撑。

第四，开展数字技术金融应用与促进产业生态发展，规划强调深化数字技术在金融领域的应用，健全安全与效率并重的科技成果应用机制。同时，致力于打造开放创新、合作共赢的产业生态，以促进科技成果转化的顺畅进行。

第五，健全金融科技创新体系，规划要求构建安全高效的金融科技创新体系，搭建业务、技术、数据融合联动的运营中台，并建立智能化风控机制。这些措施将全面激发数字化经营的新动力，推动金融机构的数字化转型。

第六，提升金融服务智慧与加强社会责任，规划强调深化金融服务智慧再造，搭建多元融合的服务渠道，并着力打造无障碍服务体系。同时，强调金融科技的绿色性和普惠性特征，明确为实体经济和人民群众服务的宗旨。这将有助于提升金融服务的覆盖面和满意度，更好地满足人民群众的金融需求。

第七，加强科技应用监管与重视风险防范规划，强调所有金融活动必须依法依规纳入监管，严格厘清金融业务边界。同时，加强金融机构与科技企业合作的规范管理，加快监管科技的全方位应用。通过强化数字化监管能力建设，实施对金融科技创新的穿透式监管，筑牢金融与科技的风险防线。这些措施将保障金融市场的稳定和消费者的权益。

第八，完善金融科技人才培养与标准规则体系建设，规划要求扎实做好金融科技人才的培养工作，持续推动标准规则体系的建设，并强化法律法规的执行力度。通过培养高素质的金融科技人才和建立完善的标准规则体系，为金融科技的可持续发展提供有力保障。

紧跟中国人民银行，原银保监会于 2022 年 1 月 26 日发布的《关于银行业保险业数字化转型的指导意见》则重点强调了银行业的数字化转型。该意见强调了数字化转型对金融服务实体经济和国家战略的重要性，并要求银行保险机构制定并实施科学的数字化转型战略。该指导意见围绕以下四个核心方面提出了详细的战略和行动计划：

首先，在业务经营管理数字化方面，该指导意见鼓励打造数字化的产业金融服务平台，推进个人金融服务数字化转型，提升金融市场交易业务数字化水平。同时，加强线上业务和统一数字门户平台的建设，实现“一站式”金融服务，提高服务体系运营效率。此外，指导意见还注重构建安全高效的金融服务生态，利用大数据和人工智能等技术优化风险管理系统，强化风险控制体系建设。

其次，在数据能力建设方面，该指导意见要求健全数据治理体系，运用科技手段推动数据治理的自动化和智能化。银行保险机构应全面整合内外部数据，实现全域数据的统一管理、集中开发和融合共享。加强数据质量控制，建立数据标准体系，充分发挥数据在业务经营、风险管理和内部控制中的作用。此外，通过数据驱动催生新产品、新业务和新模式，激发数据要素的潜能和价值。

再次，在科技能力建设方面，该指导意见强调加大数据中心基础设施的供给，提高科技架构支撑能力。推进传统架构向分布式架构的转型，推进基础设施的虚拟化、云化管理。主要业务系统应实现平台化、模块化和服务化，建立能够快速响应需求的敏捷研发运维体系。同时，积极引入研发运维一体化工具，建设企业级一站式研发协同平台，提高新技术应用和自主可控能力。此外，鼓励有条件的银行保险机构组织专门力量开展技术研发，以强化科技能力向金融科技产品与服务的转化。

最后，在风险防范方面，该指导意见强调银行保险机构应关注战略风险、创新业务的合规问题、流动性风险、操作风险及外包风险管理、模型和算法风险、网络安全风险、数据安全和隐私保护问题等重要领域。明确风险防范的重要性和应对措施，以保障金融市场的稳定和消费者的权益。

综上所述，《关于银行业保险业数字化转型的指导意见》以数字技术赋能金融为主要思想，在强调金融业务数字化转型的同时，还要重视数据要素的应用和科技能力的提升。通过数字技术与金融的相互促进，形成高效率、一体化的金融服务业态。这将有助于提升金融服务的质量和效率，为我国金融业的持续健康发展注入新的动力。此外，该指导意见也强调了风险防范的重要性，明确了风险防范的重要领域和应对措施。银行保险机构应积极响应政策指引，科学制定数字化转型战略并有效执行，以适应数字经济时代的变革要求，更好地服务实体经济和国家战略。

过去几年中，我们见证了数字和科技金融领域的显著变革。党和政府制定的一系列相关制度和政策，不仅为数字金融和金融科技的发展提供了有力的指导，还助力了国家实体经济的稳固增长。从早期的互联网金融到如今的数字金融，技术的飞速发展得到了政策的积极响应和有效引导。

表 2－1 总结了中国政府制定的数字金融助力行业发展的相关政策。

表 2－1　　　　　　数字金融与发展相关政策

政策名称	颁布部门	颁布时间	主要内容
《关于积极推进“互联网＋”行动的指导意见》	国务院	2015 年 7 月 4 日	提出互联网与各行业融合发展，推动数字经济发展。加强互联网基础设施建设，提高互联网应用水平
《关于促进大数据发展的行动纲要》	国务院	2015 年 9 月 5 日	提出加强大数据基础设施建设，推动大数据在各行业应用。促进大数据产业发展，提升经济发展水平
《关于金融支持工业稳增长调结构增效益的若干意见》	中国人民银行等	2016 年 2 月 14 日	提出加大金融对工业支持力度，推动工业数字化转型。加强金融科技创新，提高金融服务效率
《“十三五”国家战略性新兴产业发展规划》	国务院	2016 年 11 月 29 日	数字创意产业首次被纳入国家战略性新兴产业发展规划，推动数字创意产业成为经济发展的重要引擎
《关于金融支持制造强国建设的指导意见》	中国人民银行等	2017 年 3 月 28 日	提出加大金融对制造强国建设的支持力度，推动制造业数字化转型。加强金融科技创新，提高金融服务效率
《关于发展数字经济稳定并扩大就业的指导意见》	国家发改委、工信部等	2018 年 9 月 18 日	提出发展数字经济稳定并扩大就业，促进经济转型升级和就业提质扩面互促共进。推动数字经济发展，提高就业水平
《“十四五”数字经济发展规划》	国务院	2022 年 1 月 12 日	提出“十四五”数字经济发展规划，包括数字经济核心产业增加值占 GDP 比重提高、数字产业化水平提升、产业数字化转型加速等目标。加强数字基础设施建设

续表

政策名称	颁布部门	颁布时间	主要内容
《金融科技发展规划（2022—2025年）》	中国人民银行	2022年1月21日	以加强金融数据要素应用为基础，以加快金融机构数字化转型、强化金融科技审慎监管为主线，提出了八方面的重点任务
《关于银行业保险业数字化转型的指导意见》	中国银行保险监督管理委员会	2022年1月26日	要求银行保险机构科学制定和实施数字化转型战略，做好组织架构创新、机制流程优化、人才引进培养，并基于业务经营管理数字化、数据能力建设、科技能力建设等三方面进行了规划部署

在政策层面，中国政府从支持数字金融基础设施建设、推动金融科技创新，到加强金融风险管理、优化金融生态环境，再到鼓励普惠金融发展，构成了一个多维度、全方位的支持体系，这些政策为数字金融的健康发展奠定了坚实基础。特别是《“十四五”数字经济发展规划》的发布，进一步明确了数字经济在未来发展中的核心地位，以及数字金融作为数字经济重要组成部分的战略意义。

另外，在应对新冠疫情等突发事件的过程中，金融科技和数字金融展示了其独特的优势，不仅支持了经济复苏，还为社会稳定提供了关键支撑。这凸显了数字金融在现代经济体系中的重要角色和潜力。随着全球数字化进程的加速，数字金融将在未来发挥更加重要的作用。

着眼未来，数字金融的前景显得广袤无垠。随着人工智能、大数据、区块链等技术的不断成熟和应用，数字金融将不断创新服务模式，提升服务效率，更好地满足实体经济和人民群众的多样化需求。同时，随着技术创新和政策指导的进一步深化，数字金融将成为连接科技与经济、创新与发展的重要桥梁，为中国乃至全球的经济增长提供新的动力和方向。

2.2　数字金融与安全：规范平台与保障数据安全

中国金融体系在经历变革的同时，也面临着前所未有的挑战。随着互联网金融的兴起，互联网金融的乱象、数据安全的威胁以及金融机构信息科技外包的风险等问题逐渐浮现。这些问题不仅考验着金融机构的风险管控能力，也对政府监管提出了更高的要求。在这一背景下，中国政府通过一系列政策文件，如《关于促进平台经济规范健康发展的指导意见》《中华人民共和国数据安全法》《银行保险机构信息科技外包风险监管办法》《证券期货业数据安全管理与保护指引》以及《"十四五"数字经济发展规划》等，对金融生态进行了全面而深入的规范和引导。这些政策不仅为金融机构提供了明确的操作指南，也为维护金融市场的稳定、保护投资者的权益以及推动数字经济的健康发展奠定了坚实的基础。

先是在互联网金融高速发展的阶段，互联网金融也出现了许多乱象。例如，一些不法平台通过虚假宣传、自融自保等方式，吸引投资者进入，而实际上这些平台并无真正的风险控制能力，导致大量投资者遭受损失。同时，由于监管缺位和制度不完善，一些平台通过设立资金池、期限错配等方式进行非法集资和金融诈骗，严重扰乱了金融市场秩序。此外，一些平台还存在信息披露不透明、风险提示不充分等问题，导致投资者无法准确判断风险。为了解决这些乱象，国务院办公厅在 2019 年 8 月 8 日发布了《关于促进平台经济规范健康发展的指导意见》，该报告强调了平台经济的积极作用，如优化资源配置、促进产业创新和就业增长等方面，同时也强调了持续深化"放管服"改革的必要性，旨在为平台经济的发展提供政策支持。

在《关于促进平台经济规范健康发展的指导意见》中，政府对平台经济的发展和监管提出了全面的指导方针。

首先，该报告提出要优化和完善市场准入条件。具体措施包括推进平台经济相关市场主体登记注册便利化，放宽住所（经营场所）登记条件，指导督促地方开展"一照多址"改革探索，推进经营范围登记规范化等。

同时，报告还提出合理设置行业准入规定和许可，清理和规范制约平台经济健康发展的行政许可、资质资格等事项，对仅提供信息中介和交易撮合服务的平台，原则上不要求比照平台内经营者办理相关业务许可。

其次，报告提出要加快完善新业态标准体系，对部分缺乏标准的新兴行业及时制定出台相关产品和服务标准，为新产品新服务进入市场提供保障。而对一些发展相对成熟的新业态，鼓励龙头企业和行业协会主动制定企业标准，参与制定行业标准，提升产品质量和服务水平。

最后，在创新监管理念和方式方面，该报告提出实行包容审慎监管，探索适应新业态特点、有利于公平竞争的公正监管办法，分领域制定监管规则和标准，在严守安全底线的前提下为新业态发展留足空间。同时，科学合理界定平台责任，明确平台在经营者信息核验、产品和服务质量等方面的相应责任，维护公平竞争市场秩序，制定出台网络交易监督管理有关规定，规范平台和平台内经营者价格标示、价格促销等行为。此外，还要建立健全协同监管机制，加强监管部门协同、区域协同和央地协同，充分发挥“互联网+”行动、网络市场监管、消费者权益保护等方面的作用。

总的来说，该报告的发布有助于促进平台经济的规范健康发展，进一步激发市场活力，推动经济发展新动能。同时，通过优化市场准入条件、完善新业态标准体系、实行包容审慎监管等措施，为平台经济的参与者提供更好的发展环境。未来，随着政策的落实和监管机制的完善，平台经济将迎来更加广阔的发展空间。

到了数字经济蓬勃发展的这一阶段，数据已成为国家与组织的核心资产。在数据快速流通和使用的背景下，保障数据安全成为维护国家安全、公共利益及个人权益的关键。为此，中国制定了《中华人民共和国数据安全法》，该法于2021年6月10日由全国人大常委会通过，为规范数据处理活动、保障数据安全提供了强有力的法律支持。

数据安全法的制定，旨在确保数据处于有效保护和合法利用的状态，保障数据的持续安全。它明确了数据处理活动在中华人民共和国境内的适用范围，并规定了对境外数据处理活动的监管。这部法律旨在应对数据安全面临的挑战，包括维护国家安全、保障公民权益、促进数据开发利用等。

数据安全法主要通过以下五个方式发挥作用：

第一，保护个人、组织与数据有关的权益：国家保护个人、组织与数据有关的权益，鼓励数据依法合理有效利用，保障数据依法有序自由流动，促进以数据为关键要素的数字经济发展。

第二，制定数据安全行为规范和团体标准：相关行业组织按照章程，依法制定数据安全行为规范和团体标准，加强行业自律，指导会员加强数据安全保护，提高数据安全保护水平，促进行业健康发展。

第三，形成全社会共同维护数据安全和促进发展的良好环境：国家支持开展数据安全知识宣传普及，提高全社会的数据安全保护意识和水平，推动有关部门、行业组织、科研机构、企业、个人等共同参与数据安全保护工作。

第四，开展国际交流与合作：国家积极开展数据安全治理、数据开发利用等领域的国际交流与合作，参与数据安全相关国际规则和标准的制定，促进数据跨境安全、自由流动。

第五，建立投诉、举报机制：任何个人、组织都有权对违反本法规定的行为向有关主管部门投诉、举报。收到投诉、举报的部门应当及时依法处理。

在平台化风险得到缓解，数据安全得到进一步保障后，金融机构的数字化转型进入新的阶段。这一时期，金融机构积极开展数字化转型，在加大科技创新力度、更好地满足金融消费者需求的同时，对信息科技外包服务的依赖度不断加大。与此同时，部分银行保险机构对信息科技外包风险管控不力，因而导致的业务中断、敏感信息泄露等事件时有发生。此外，部分领域外包服务提供商高度集中，进一步加剧了行业集中度风险。为此，按照风险为本的导向，以弥补短板、强化监管为目标，银保监会在2021 年 12 月 30 日制定了《银行保险机构信息科技外包风险监管办法》，以缓解信息科技外包风险。

具体地，《银行保险机构信息科技外包风险监管办法》旨在规范银行保险机构的信息科技外包活动，加强信息科技外包风险管控。报告指出，银行保险机构应当建立与本机构信息科技战略目标相适应的信息科技外包管理体系，将信息科技外包风险纳入全面风险管理体系，有效控制由于外包而引发的风险。同时，银行保险机构在实施信息科技外包时应坚持一些原则，如不得将信息科技管理责任、网络安全主体责任外包，保持外包风险、成本和效益的平衡等。报告还从信息科技外包治理的角度，提出了银行保险机构应建立覆盖各层级的信息科技外包及风险管理组织架构，明确相应层级的职责。此外，报告还规定了银行保险机构应基于机构的业务战略、信息科技战略、总体外包战略、外包市场环境、自身风险控制能力和风险偏好制定信息科技外包战略，明确了不能外包的信息科技职能等。该报告对于规范银行保险机构的信息科技外包活动，提高信息科技外包风险管控能力具有重要意义。

在保险业之外，为了更好地指导证券期货业的数据安全管理与保护工作，中国证券监督管理委员会于2022年11月14日发布了《证券期货业数据安全管理与保护指引》。该指引旨在为行业提供一个全面的数据安全框架，确保数据的安全性、可用性和完整性。

首先，该指引明确了其适用的范围，即适用于证券期货业的各类机构，包括证券公司、期货公司、基金管理公司等。同时，该指引还明确了数据安全的基本原则，包括过程域、实用性、安全性、可用性和适配性。这些原则将贯穿整个数据安全管理过程，确保数据安全与业务发展相辅相成。

其次，该指引在组织架构方面提出了各相关部门在数据安全管理中的职责。这包括数据安全管理部门、合规风控部门、业务管理部门、信息技术部门和内部审计部门等。这些部门需密切协作，共同构建一个完整的数据安全管理体系。

最后，该指引还对制度建设提出了要求，强调企业应建立健全的数据安全管理制度，包括数据分类分级、数据访问控制、数据加密存储等方面的制度。同时，企业还应建立相应的应急预案，确保在发生数据安全事件时能够及时应对。

总体而言，《证券期货业数据安全管理与保护指引》为行业提供了有力的数据安全保障。它不仅提高了行业的数据安全意识，还规范了数据管理行为。相信在该指引的指导下，证券期货业的数据安全工作将得到进一步加强，为行业的健康发展保驾护航。

在数字经济深化发展这一时期，金融活动的数字化带来了新的风险和挑战。网络安全、数据泄露等问题频发，给金融体系带来了巨大压力。因此，强化金融监管、确保金融安全对于维护整个经济体系的稳定具有重要意义。于是，国务院在 2022 年 1 月 12 日发布的《“十四五”数字经济发展规划》中特别强调了金融安全和监管的问题。

在面对数字化时代的新挑战和变化，《“十四五”数字经济发展规划》中提出了具体的金融监管策略和方向。首先，需要完善金融监管体系，填补新兴金融业态的监管空白，防止监管套利。其次，应提高金融科技的应用水平，利用科技手段提升监管效率和准确性。再次，建立风险预警机制也是及时发现并处理潜在风险的重要措施。最后，为了确保金融安全与监管的有效实施，规划还提出了一系列保障措施和建议，如加强国际合作以共同应对数字经济带来的全球性挑战；加强人才培养，为金融科技发展提供智力支持；以及完善法律法规，为金融监管提供法律保障。

总体而言，《“十四五”数字经济发展规划》对金融安全和监管给予了高度重视。通过强化监管、完善体系、提高科技应用水平等多项措施，旨在为数字经济的健康发展提供有力保障。未来，金融安全与监管将继续作为数字经济领域关注的焦点。

综上所述，随着互联网金融的成熟，中国金融体系日趋完善，但乱象也随之而来，如虚假宣传、自融自保、非法集资等，导致投资者受损。为此，国务院办公厅发布了《关于促进平台经济规范健康发展的指导意见》，旨在优化市场准入、完善新业态标准体系、创新监管方式，为平台经济提供政策支持，激发市场活力。同时，《中华人民共和国数据安全法》的制定为规范数据处理活动、保障数据安全提供了法律支持，强调保护个人、组织与数据有关的权益，鼓励数据的合理有效利用。此外，针对金融机构的信息科技外包风险，银保监会制定了《银行保险机构信息科技外包风险监管办法》来加强风险管控。中国证券监督管理委员会也发布了《证券期货业数据安全管理与保护指引》以指导证券期货业的数据安全管理与保护工作。最后，《“十四五”数字经济发展规划》强调金融安全和监管，提出完善金融监管体系、提高金融科技应用水平等策略来应对数字化带来的挑战。表 2 - 2 总结了中国制定的数字金融与安全的相关政策。

表 2 – 2　　　　数字金融与安全相关政策

政策名称	颁布部门	颁布时间	主要内容
《关于促进平台经济规范健康发展的指导意见》	国务院办公厅	2019 年 8 月 8 日	提出促进平台经济规范健康发展，推动数字经济创新发展。加强平台经济监管，保护用户权益，推动平台经济健康发展
《中华人民共和国数据安全法》	全国人民代表大会常务委员会	2021 年 6 月 10 日	数据安全法的主要内容包括数据安全管理制度、数据处理规范、数据安全保护义务等
《银行保险机构信息科技外包风险监管办法的通知》	银保监会	2021 年 12 月 30 日	规范信息科技外包活动，加强风险管控，确保银行保险机构业务连续性和数据安全
《“十四五”数字经济发展规划》	国务院	2022 年 1 月 12 日	提出“十四五”数字经济发展规划，包括数字经济核心产业增加值占 GDP 比重提高、数字产业化水平提升、产业数字化转型加速等目标。加强数字基础设施建设，推进数字化转型，促进数字经济发展
《证券期货业数据安全管理与保护指引》	中国证券监督管理委员会	2022 年 11 月 14 日	以“数据分级分类管理与保护”为重点，介绍了从一级到四级的四个级别数据在不同环节的管理原则和保障措施，包括“数据采集、数据展现、数据传输、数据治理、数据存储”五大环节，涵盖可控区域及非可控区域的管理指引、技术指引、数据接触者指引，既涉及静态数据治理维度，也涉及动态数据安全维度

2.3 数字金融与普惠：乡村振兴与中小企业发展

普惠金融作为促进社会公平和经济可持续发展的重要手段，受到了中国政府的高度重视，并且近年来取得了显著进展。为了推进普惠金融的高质量发展，政府相继出台了多项政策文件，这些政策文件不仅针对农村地区和小微企业的金融服务需求，也强调了数字金融在普惠金融发展中的重要作用。本节将对这些政策进行解读，并分析数字金融在普惠金融高质量发展中扮演的角色。

随着信息技术的快速发展，数字化已经成为全球经济发展的重要驱动力。然而，由于中国幅员辽阔，不同地区发展差异巨大，如在中国农村地区，数字化发展仍存在一些问题，这包括顶层设计缺失、资源统筹不足等。因此，加强数字乡村建设对于促进城乡协调发展和实现共同富裕具有重要意义。为了解决这一问题，中共中央、国务院于 2019 年 5 月 16 日联合发布了《数字乡村发展战略纲要》，该纲要提出了数字乡村建设的总体要求，包括指导思想、基本原则和战略目标，旨在推进数字乡村建设，促进农业农村现代化发展。

《数字乡村发展战略纲要》指出，数字乡村是伴随网络化、信息化和数字化在农业农村经济社会发展中的应用而内生的农业农村现代化发展和转型进程。数字乡村建设是乡村振兴战略的重要方向，也是建设数字中国的重要内容。该纲要还强调了信息技术创新在乡村经济发展、乡村现代化建设和社会治理体系中的作用，并提出要弥合城乡“数字鸿沟”，培育信息时代新农民。

同时，该纲要提出了数字乡村建设的战略目标，包括全国行政村 4G 覆盖率、农村互联网普及率、农村数字经济、新农民新技术创业创新中心、乡村智慧物流配送体系、乡村网络文化、乡村数字治理体系等方面的建设目标。该纲要强调了坚持党的领导、全面振兴、城乡融合、改革创新、安全发展和以人民为中心等原则。

从共同富裕的角度来看，《数字乡村发展战略纲要》的实施将有助于缩小城乡“数字鸿沟”，促进城乡要素合理配置，推动城乡融合发展。同时，数字乡村建设也将有助于提升农民数字化素养，培育信息时代新农民，提高农民的获得感、幸福感、安全感。数字乡村建设还将促进农业农村现代化发展，提升农业产值和农民收入水平，为共同富裕打下坚实基础。

总之，《数字乡村发展战略纲要》的发布是推进数字乡村建设的重要举措，对于促进农业农村现代化发展、缩小城乡差距、实现共同富裕具有重要意义。该纲要的实施将开启城乡融合发展和现代化建设新局面，为全面建设社会主义现代化国家奠定坚实基础。

在全面推进乡村振兴和农业现代化的背景下，新型农业经营主体如家庭农场、农民合作社和农业社会化服务组织等逐渐成为农业发展的中坚力量。它们在保障农民收入、农产品供给和农业转型升级方面发挥着重要作用。为了进一步深化金融对于乡村振兴的改革，更好地支持这些新型农业经营主体的发展，中国人民银行、中央农办、农业农村部、财政部、银保监会和证监会在2021年5月18日联合发布了《关于金融支持新型农业经营主体发展的意见》。

该意见强调了做好新型农业经营主体金融服务的重要性和紧迫性，指出金融服务在促进小农户与现代农业衔接、培育农业农村发展新动能、巩固拓展脱贫攻坚成果以及助力乡村全面振兴等方面具有重要作用。结合数字金融的新技术与理念，该意见提出了多种切实可行的方案，以支持乡村振兴。

为了提升新型农业经营主体金融服务的可得性、覆盖面和便利度，该意见提出了一系列具体的要求和措施。其中，包括加强信息共享、增强金融承载力、健全金融服务组织体系、推动发展信用贷款、拓宽抵押质押物范围、创新专属金融产品和服务、完善信贷风险监测分担补偿机制、拓宽多元化融资渠道以及提升农业保险服务能力等。

此外，该意见还强调了政策激励的重要性，要求将新型农业经营主体的金融服务情况纳入金融机构服务乡村振兴考核评估，并强化评估结果运用。同时，鼓励稳妥扩大农村普惠金融改革试点，建设金融服务乡村振兴试验区。

总体来看，该意见旨在通过金融支持新型农业经营主体的发展，推动农村三次产业融合发展，提高农业质量效益和竞争力，为乡村振兴和农业农村现代化提供强有力的支撑。这不仅是金融服务创新的重要举措，也是对新型农业经营主体的认可和支持，有助于促进农业产业的可持续发展。

在全面推进乡村振兴战略之外，为了深入贯彻落实党的十九届五中全会精神和中央经济工作会议决策部署，为“十四五”时期经济社会发展开好局、起好步，强化金融服务并增加小微企业和个体工商户活力也是完成普惠金融的又一大重要任务。为此，中国银保监会办公厅于 2021 年 4 月 9 日发布了《进一步推动小微企业金融服务高质量发展的通知》，该通知对于支持小微企业创新和产业结构升级，实现小微企业金融服务高质量发展与银行业保险业自身高质量发展的相互促进、有机统一具有重要意义。

该通知以新发展理念为引领，旨在深化供给侧结构性改革，助力小微企业金融供给总量在继续有效增长的基础上，努力实现供给质量、效率、效益的明显提升。

该通知首先从如下五个方面制定了金融服务小微企业发展的方向：

第一，以信贷投放为抓手，确保稳定高效的增量金融供给。通知强调了银行业金融机构对小微企业的信贷支持，确保实现“两增”目标，突出各类机构的差异化定位，完善定价机制，落实服务价格管理要求，以及加强小微企业贷款用途监控等方面的要求。为了实现这些目标，银行需要发挥主渠道作用，保持信贷供给总量稳步增长，对小微企业贷款进行合理定价，并规范融资收费。同时，银行需要加强内控合规管理，确保资金投向真实合规。通过这些措施，可以更好地支持小微企业的发展，促进经济增长。

第二，以支持创新为出发点，全面优化金融供给结构。为了全面优化金融供给结构，银行业金融机构需要创新完善小型微型企业法人的信用评价模型、风险管控技术和批量授信审批机制，以支持创新为出发点。他们还应优化基础金融服务，合理设置贷款期限，并继续加大小微企业首贷、续贷、信用贷款的投放力度。此外，金融机构应探索完善科技型小微企业的金融服务，提供量身定做的金融服务方案，并加强产业链供应链金融创新，帮助打通上下游环节。通过这些措施，可以补齐信贷业务短板，更好地满足小微企业的融资需求。

第三，做优机制体制和专业能力，实现“敢贷愿贷、能贷会贷”。通知强调，银行业金融机构需要完善“敢贷愿贷”内部机制，落实监管评价要求，并细化落实不良容忍度和授信尽职免责规定，保护基层积极性。同时，应综合运用金融科技手段和信用信息资源，增强“能贷会贷”服务能力，并充分传导政策红利，用好用足配套支持机制。这些措施有助于提高银行业金融机构对小微企业的金融服务水平，推动小微企业的发展。

第四，多措并举盘活存量信贷资源，提高金融供给效率。银行业金融机构应继续实施贷款阶段性延期还本付息政策，确保惠企纾困政策平稳衔接，并加大续贷产品开发推广力度。同时，鼓励开展信贷资产流转，盘活存量小微企业信贷资源，进一步拓宽不良贷款处置渠道，鼓励主动化解风险。这些措施有助于银行业金融机构更好地服务小微企业，促进经济发展。

第五，强化监管引领督导，推动营造更好外部环境。通知强调，为了推动深化信用信息共享机制以及加快建设综合金融服务平台，各级监管部门应加强汇报建言，整合跨部门涉企信用信息，提升数据质量，引导银行保险机构对接平台，为小微企业提供更便利的金融服务。同时，要用好监管评价“指挥棒”，实施分类考核督导，加强调研监测，做好经验总结，推动形成更好支持小微企业融资的长效机制。

首先，通知强调了数字金融在服务小微企业的重要作用。提出针对掌握“专精特新”技术或在“卡脖子”关键技术攻关中发挥作用的小微企业，需要量身定做的金融服务方案和及时的资金支持。此外，银行业金融机构还应提供信用贷款、知识产权质押贷款、股权质押贷款等产品，并探索将科技型小微企业的高管、研发等关键岗位人才信息作为授信评审要素。

其次，通知强调在加强产业链供应链金融创新方面，银行业金融机构应围绕产业链供应链核心企业，为上下游小微企业提供综合金融服务方案。通过运用大数据、区块链、人工智能等金融科技，搭建供应链产业链金融平台，提供便捷的线上融资服务。同时，要优化对核心企业上下游小微企业的融资和结算服务，发展信用融资和动产质押融资业务。

最后，通知还指出，在综合运用金融科技手段和信用信息资源方面，银行业金融机构应利用互联网大数据等手段，参与信用信息共享机制，将公共涉企数据与内部金融数据结合，改进业务审批技术和风险管理模型，精准服务小微企业。同时，要重视数据安全管理，与第三方机构合作时明确制定和落实数据安全管理制度。

随着经济的发展和金融市场的深化，普惠金融已经成为促进社会公平和经济可持续发展的重要手段。为了推进普惠金融高质量发展，政府不仅分别出台了支持乡村振兴和小微企业的金融政策，还于 2023 年 9 月 25 日进一步出台了《关于推进普惠金融高质量发展的实施意见》。旨在从整体上布局普惠金融，为普惠金融的高质量发展提供了指导思想和原则。在实施意见中，政府明确了未来五年的主要目标，包括基础金融服务的普及、经营主体融资的便利、金融支持乡村振兴的力度、金融消费者教育和保护机制的健全、金融风险防控的有效性以及普惠金融配套机制的完善。这些目标将为普惠金融的高质量发展提供明确的方向和保障。

为实现普惠金融这一目标，意见提出了多项建议，其中包括但不限于以下八点，需要特别强调：

第一，坚持党的领导和人民至上：这是普惠金融发展的基本原则，强调各级党组织的作用，以及以人民为中心的发展思想。

第二，政策引领和改革创新：政府将加强规划和资源倾斜，同时鼓励市场化、法治化的改革创新，破除机制障碍，强化科技赋能。

第三，完善基础金融服务：银行业将巩固乡乡有机构、村村有服务，保险服务将基本实现乡镇全覆盖，提升基础金融服务的效率和保障能力，并提高数字化服务水平。

第四，优化经营主体融资环境：提升小微企业、个体工商户、农户及新型农业经营主体等融资可得性，丰富信贷产品体系，提高授信户数，构建敢贷、愿贷、能贷、会贷的长效机制。

第五，加强金融支持乡村振兴：健全农村金融服务体系，加大金融对农村基础设施和公共服务的支持力度，提升农业保险覆盖率和保障水平，实现新型农业经营主体信用建档评级全覆盖。

第六，健全金融消费者教育和保护机制：普及金融知识，提升人民群众和经营主体选择适配金融产品的能力和风险责任意识，优化数字普惠金融产品的易用性、安全性、适老性，完善金融消费者权益保护体系。

第七，有效防控金融风险：提升中小金融机构等重点机构和重点领域风险防控能力，完善风险监测预警和化解处置机制，有效识别和防控数字平台风险，遏制非法金融活动。

第八，完善普惠金融配套机制：提升普惠金融基础平台的包容性和透明度，完善配套法律制度体系，优化风险分担补偿机制。

为了有序推进数字普惠金融发展，意见还提出了多项措施：

首先，提升普惠金融科技水平，支持金融机构深化运用科技手段，优化服务模式和风险管理模型，提升金融服务可得性和质量。

其次，打造健康的数字普惠金融生态，支持金融机构依托数字化渠道提供高质量服务，鼓励信息协同和数字化金融服务创新。

再次，健全数字普惠金融监管体系，将数字普惠金融全面纳入监管，提升监管能力和智慧监管水平。

最后，支持各地开展金融服务乡村振兴等试点示范，积极稳妥推广成熟经验，不断探索形成新经验并推动落地见效。

这些措施将有助于推动数字普惠金融高质量发展，提高金融服务的普惠性和可持续性。

整体来看，这份实施意见强调了政府引导、市场运作、政策扶持、科技赋能等多方面的综合作用，旨在构建一个全面、高效、可持续的普惠金融体系。其中，意见还重点强调了数字普惠金融的重要性。具体地，意见强调了坚持市场化、法治化原则，遵循金融规律，探索成本可负担、商业可持续的普惠金融发展模式的重要性。通过持续深化改革、破除机制障碍、强化科技赋能，以及加强国际交流合作，以高水平开放推动高质量发展。

综上所述，中国政府高度重视普惠金融的发展，并出台了一系列政策文件来推动其高质量发展。这些政策不仅关注农村地区和小微企业的金融服务需求，也强调数字金融在普惠金融发展中的重要作用。

为了推进普惠金融高质量发展，政府先后出台了《数字乡村发展战略纲要》《关于金融支持新型农业经营主体发展的意见》和《进一步推动小微企业金融服务高质量发展的通知》等文件。这些文件旨在通过加强金融基础设施建设、创新金融产品和服务模式、提升金融服务效率和覆盖面等措施，实现普惠金融的普及和提升。表 2－3 总结了中国制定的数字金融与普惠的相关政策。

表 2－3　　　　　　　　　数字金融与普惠政策

政策名称	颁布部门	颁布时间	主要内容
《数字乡村发展战略纲要》	国务院	2019 年 5 月 16 日	提出推动数字乡村发展，加强农村数字基础设施建设，提高农村信息化水平。推动农村数字经济发展，助力乡村振兴
《进一步推动小微企业金融服务高质量发展的通知》	银保监会	2021 年 4 月 9 日	旨在推动小微企业金融服务高质量发展，通过强化金融服务、增加小微企业和个体工商户活力，从信贷、创新、机制优化、存量资源盘活、强化监管等方面完善制度建设
《关于金融支持新型农业经营主体发展的意见》	中国人民银行等 5 部门	2021 年 5 月 18 日	提出加强金融对新型农业经营主体的支持，推动农村数字经济发展，提高金融服务乡村振兴效率
《国务院关于推进普惠金融高质量发展的实施意见》	国务院	2023 年 9 月 25 日	旨在普及基础金融服务、优化融资环境，并加强金融支持乡村振兴，以推动普惠金融的高质量发展

然而，值得注意的是，在普惠金融的发展过程中，仍然面临着一些挑战，如金融服务不均衡、信息不对称、风险管理难度大等。未来，政府将继续加大对普惠金融的支持力度，推动金融机构之间的合作与创新，提升金融科技应用水平，构建更加完善的普惠金融体系。同时，政府和相关监管机构也会持续关注数字金融发展中的风险和挑战，加强监管和风险防范措施，确保普惠金融的稳健发展。

总而言之，推进普惠金融高质量发展是政府的重要战略部署之一。通过加强政策引导、推进数字化转型、创新金融产品和服务以及加强金融监管等措施的实践和探索，普惠金融已经取得了显著的成效。未来，随着技术的不断进步和政策的不断完善，普惠金融将更好地服务于经济社会发展大局和人民群众美好生活需要。

2.4 数字金融与标准化：规范标准与深化金融业变革

随着金融科技的快速发展，金融数字化转型向更深层次推进，场景化、个性化、智能化的高效金融服务日渐普及。数字化时代所具有的开放性和互动性，使金融领域更容易产生业务、技术、数据、网络等多重风险叠加，因此，构建金融标准化体系显得尤为紧迫。数字金融的标准化不仅可以推动金融高质量发展，而且对于维护金融稳定、防范金融风险，甚至于提升国际影响力都具有重要的意义。

我国的监管机构首先打响了数字金融标准化的第一枪。具体地，随着金融机构业务复杂性的增加，监管部门越发重视数据在金融机构治理和风险监控中的关键作用。有效、准确、及时的数据对于监管机构评估金融机构的健康状况、识别潜在风险以及制定相应政策至关重要。同时，在监管机构逐渐转向数字化和智能化的过程中，监管机构也希望通过自动化手段提升监管效率和准确性。这就需要金融机构提供结构化的数据，以便监管机构能够快速分析并作出决策。

为提高银监会对银行业金融机构现场检查的力度和效果，银监会开发了具有自主知识产权的检查分析系统（Examination & Analysis System Technology，EAST）。其功能覆盖了监管部门现场检查、非现场监管、市场准入等多个监管领域。EAST 现已逐渐成为国家金融监督管理局监管科技能力建设和监管大数据应用开发的核心工具同时，EAST 系统逐渐从服务中小银行扩展到全面覆盖银行业机构。其报送口径和数据校验标准也在不断更新和完善，为 EAST 5.0 的推出奠定了坚实基础。2022 年 1 月 30 日，中国原银保监会发布了《中国银保监会银行业金融机构监管数据标准化规范（2021 版）》，简称 EAST 5.0。该系统经过四个版本的迭代，通过一套通用且相对封闭的数据采集规范，对银行业务数据进行筛选、建模、分析和应用。这一系统具备以下四点优势：

第一，统一数据标准：通过明确数据采集、处理、报送的规范和标准，EAST 5.0 有助于实现银行业金融机构数据的标准化，提升数据的可比性和可用性。

第二，强化风险监控：标准化和规范化的数据报送使监管机构能够更准确地掌握金融机构的业务和风险状况，从而更及时地识别和防范潜在金融风险。

第三，提升监管效率：通过自动化和智能化的数据分析工具，监管机构能够更高效地分析大量数据，减轻人工负担，提高决策速度和准确性。

第四，推动行业数字化转型：EAST 5.0 的实施不仅加强了监管，也在推动银行业金融机构加快数字化转型步伐，提升内部数据治理水平，以适应日益严格的监管要求。

相较于之前的版本，EAST 5.0 在规范主题域、数据表结构等方面进行了显著调整和优化。新版本不仅进一步规范了数据内容，还扩大了数据采集范围，提高了数据的可用性。同时，为了提升监管数据报送质量，原银保监会还同步发布了《监管标准化数据检核规则（2021 版）》。该规则明确要求银行业金融机构及理财公司在数据报送前进行数据质量评估，并在每期报送时附上相关清单和检核结果。此外，证券期货业也有明确的数据报送要求。例如，证券公司、基金管理公司及其从事资产管理业务的子公司需按照特定规范向机构监管综合信息系统报送数据，而期货公司则向另一系统报送数据。近年来，证券监管机构还在不断拓展和细化监管数据报送的范围，如要求券商报送量化交易相关数据，这显示出数据报送监管在证券期货业的全方位覆盖趋势。

尽管我国在数字金融领域已取得显著进步，发布了一系列与人工智能、区块链、大数据等相关的金融标准，为金融活动提供了规则与指引，并在“十三五”时期发布了大量的国家标准、团体标准和企业标准，但在数字金融这一由数字技术与金融融合形成的新领域中，金融标准的界定仍然不完全，标准化工作也处于不断完善的过程中。事实上，随着技术的快速发展和金融市场的不断创新，数字金融领域正面临着一系列新的挑战和机遇。现有的标准体系虽然在一定程度上提升了数字金融风险防范水平，促进了行业的平稳发展，但在面对日益复杂的金融环境和不断涌现的创新业务模式时，仍显露出其局限性和不足。

因此，为了更好地适应数字金融的发展，充分发挥金融标准的制度监管作用，提升中国在国际金融舞台上的影响力，并更好地促进金融服务于社会主义市场经济，中国人民银行、市场监管总局、银保监会、证监会于2022年2月8日联合发布了《金融标准化“十四五”发展规划》。这一规划旨在为数字金融领域提供统一的技术要求和规则指引，确保金融活动的顺利进行，并维护金融市场的稳定和健康发展。该规划的发布，对于我国金融业的发展具有重要的意义。首先，这一规划为金融业的发展提供了明确的方向和目标，有助于金融行业的稳定发展。其次，通过标准化建设，可以推动金融业的技术创新和业务升级，提高金融服务的效率和安全性。最后，金融标准化的发展也有助于提升我国金融业的国际竞争力，推动金融业的国际化进程。

《金融标准化“十四五”发展规划》的目的是构建一个新型的金融标准体系，这个体系以国家标准为基础、行业标准为支撑、团体和企业标准为补充。通过这个体系的建设，可以全面提升我国金融标准化的水平，推动金融业的高质量发展。具体来说，规划的主要目标包括以下四点：

第一，健全金融标准体系：构建科学适用、结构合理、开放兼容且与国际接轨的金融标准体系。此体系将在2025年基本建成，并与现代金融体系建设相适应，实现标准与金融监管、金融市场、金融服务的深度融合。

第二，优化金融标准供给：持续完善金融标准供给体系，确保国家标准和行业标准更加精准并扩大有效供给。提升团体标准的创新引领和规范发展水平，并显著增强金融机构企业标准化建设成效。

第三，加强金融标准化开放：深化金融标准化的国际合作，促进中外金融标准体系的融合发展，并加强金融标准在“一带一路”建设中的联通共建。提高重点领域国际标准转化的全面性和及时性，并提升国家标准、行业标准与国际标准关键技术指标的一致性。

第四，巩固金融标准化基础：建立依托数字技术的新型金融标准化管理机制，提高标准的数字化程度和工作效能。鼓励金融机构设立标准化部门或专职岗位，并提升标准化工作能力。同时，加强金融业国家技术标准创新基地、质量标准实验室和标准化服务机构的建设和效能发挥，促进金融标准化服务业的逐步兴起。

为了实现这些目标，规划提出从如下思路出发总结了数字金融标准化的方向：

第一，标准化助力现代金融管理：标准化在现代金融管理中发挥关键作用。通过完善风险防控标准，可提升金融安全水平；健全综合统计标准，有助于增强市场透明度；推进消费者保护标准，有助于维护消费者权益；加强标准对金融监管的支持，能提升监管效率和创新能力。这些标准的制定和实施，将促进金融体系的稳定性、公正性和可持续性，进而推动金融业健康发展。

第二，标准化推动金融市场体系健全发展：完善金融基础设施标准将提升市场运行效率和安全性；证券期货标准的深入推进有助于资本市场数字化转型；加大黄金市场标准供给将促进黄金市场的规范发展；拓展升级保险市场标准将有助于满足消费者需求。这些标准的制定和实施，将推动金融市场体系向更加成熟、稳健和创新的方向发展。

第三，标准化支撑金融产品和服务创新：加快完善绿色金融标准体系，有助于推动绿色金融市场的规范发展；有效推进普惠金融标准建设，将促进普惠金融服务的普及和提升；加强产业链供应链金融标准保障，则有助于提高供应链金融的效率和安全性。这些标准的制定和实施，将为金融产品和服务创新提供坚实的基础和保障，推动金融业不断向前发展。

第四，标准化引领金融业数字生态建设：稳步推进金融科技标准建设，有助于规范金融科技健康发展；系统完善金融数据要素标准，将促进金融数据资源的合理开发利用；健全金融信息基础设施标准，有助于提高金融业信息化水平；强化金融网络安全标准防护，将提升金融网络安全保障能力；推进金融业信息化核心技术安全可控标准建设，有助于保障金融信息系统的安全可控；稳妥推进法定数字货币标准研制，将为法定数字货币的健康发展提供坚实保障。这些标准的制定和实施，将推动金融业数字生态建设与创新发展不断迈上新台阶。

第五，深化金融标准化高水平开放：注重国际标准转化与应用，持续分析比对关键领域的金融标准，积极采纳并加速转化应用如 UPI、UTI、CDE 等国际标准。同时，推进国际标准与国内标准的同步研制，提升转化效率，积极参与国际金融标准化活动，鼓励多方主体参与金融国际标准的制定，与国际标准组织和相关国家加强交流与合作，特别是在国际衍生品编码治理和跨境支付标准方面。此外，围绕“一带一路”展开金融标准化合作，提供标准宣传、解读、咨询等服务，并分享我国金融标准化的最佳实践。通过这些方法，可以促进国际标准与国内标准的有效结合和转化，进而提升我国在全球金融标准化进程中的影响力和参与度。

第六，推动金融标准化改革创新：重点在于优化标准供给结构，释放市场主体活力，提升市场自主制定标准的比重，并加强政府主导制定标准的公益性。同时，应强化金融标准的实施应用，推动其在法规政策中的作用，并加强对标准制定实施过程的追溯、监督和纠错。此外，还需培育金融标准化服务业，开展创新基地建设，提升服务水平。推动金融标准检测认证协同发展也是重要一环，以提供市场化检测认证服务并鼓励各方采信结果。通过这些方法，可以促进金融标准化改革的深入推进，提升金融业的服务质量和效率。

第七，夯实金融标准化发展基础：首先，需要优化金融标准化运行机制，制定管理办法，完善制度，并加强与相关行业的沟通协同。其次，应提升金融机构标准化能力，明确负责部门，配备工作人员，并提供专门的标准化培训。同时，推动金融标准化工作数字化转型，构建服务平台，发展机器可读标准和开源标准，并建立在线学习等工具。最后，要加强金融标准化人才队伍建设，完善培养体系，构建多层次从业人员培训体系，并建立健全职业能力评价和激励机制。通过这些办法，将有助于构建一个更加高效、透明的金融标准化体系，为金融行业的未来发展奠定坚实的基础。

第八，加强规划实施保障：首先，要加强组织领导，金融管理部门和标准化管理部门应统一领导规划实施，强化部门协同和上下联动，以协调解决重大问题并督促落实重大事项。其次，要完善实施机制，各有关单位应根据职责分工制定实施方案或计划，并明确工作进度和要求，充分激发各类主体的参与积极性，形成推进金融标准化的强大合力。最后，要强化宣传交流，通过解读、培训等方式开展规划宣传，营造全行业重视和应用金融标准的良好氛围，促进各单位之间的交流与合作，共同解决实施中遇到的问题。这些标准的制定和实施，将确保金融标准化规划的顺利实施，从而驱动金融领域的持续创新和健康成长。

展望未来，数字金融标准化工作将在多个方面持续深化。国际间的标准化合作将成为一个重要方向，以适应全球金融市场日益融合的趋势。随着金融科技的不断进步和标准的动态更新成为常态，应当确保标准与金融市场发展的同步性。另外，数据安全与隐私保护也将成为数字金融标准化的核心内容之一。而新的应用领域和场景将为数字金融标准化提供更为广阔的空间和机会。在这一进程中，提升全行业的标准化意识将是关键，这将有助于推动数字金融标准化工作的深入实施，进而促进金融业整体的高质量发展。

第3章
数字金融技术发展

随着科技的飞速发展，数字金融技术已经深入中国居民的日常生活中，成为推动经济和社会发展的重要力量。在数字金融技术的变革中，互联网支付和移动支付的兴起，以及区块链金融的新应用，都为金融行业带来了前所未有的机遇和挑战。

从互联网支付到移动支付，支付方式的演变历程见证了科技创新与金融服务的深度融合。互联网支付在电子商务的推动下应运而生，实现了线上交易的便捷和高效。随着智能手机的普及和移动互联网的发展，移动支付迅速崛起，将支付场景拓展到更为广泛的领域。如今，支付宝、微信等主流移动支付平台已经普遍融入日常生活，改变了人们的消费习惯和生活方式。

然而，数字金融技术的变革远未结束。区块链金融的出现，为金融领域提供了新的可能。区块链技术的分布式、去中心化、不可篡改等特性，为金融服务提供了更高级别的安全性和透明度。在区块链技术的支持下，金融业可以实现更高效的交易处理、更严格的身份验证以及更强大的数据保护。未来，随着区块链技术的不断成熟和应用的不断拓展，可以预见一个更加安全、透明和高效的金融未来。数字金融技术将继续推动金融行业的创新和发展，为居民的生活带来更多的便利和价值。

云存储和云计算的弹性拓展、低成本、高安全性和灵活性等特点，使其特别适合金融行业的需求，为金融机构提供了强大的计算和存储能力。同时，人工智能通过数据分析和挖掘，帮助金融机构更准确地识别和管理风险，推动金融产品的创新和发展。这两项技术的应用已经取得了显著的成果，未来随着技术的不断创新和市场需求的持续增长，将在金融行业中发挥更加重要的作用，推动金融行业实现更高效、智能和安全的发展。

因此，本章致力于探讨数字金融技术的变革和发展趋势，希望通过深入剖析这些领域的现状和挑战，为读者揭示数字金融技术的未来趋势和发展方向。

3.1　支付技术

互联网支付在中国的发展历史可以追溯到 20 世纪 90 年代初期的互联网商业化和电子商务的兴起。随着互联网技术的不断发展和普及，互联网支付经历了从萌芽到成熟的发展过程。

最初，互联网支付主要依赖于银行提供的网上银行服务。1997 年，招商银行首次推出一网通业务。用户可以通过个人电脑和互联网连接到银行的网站，进行转账、查询、支付等操作。此时，互联网支付还处于起步阶段，支付场景和交易规模都相对有限。

2002 年，在国务院许可下，中国人民银行成立中国银行卡联合组织，我国网络支付进入了培育期，以网络银行为代表的网络支付业务迅速发展。在这一时期，大型国有商业银行与外资银行展开了激烈的竞争。而在 2005 年以后，伴随着网络支付业态的成熟，银联业务的用户规模不断增加，第三方支付也正式进入这一市场，我国互联网支付进入了市场启动期。

在我国互联网支付的起步阶段，支付宝和财付通等第三方支付平台相继成立。这些平台为消费者和商家提供了在线支付的服务，通过银行卡或账户余额实现资金转移。实际上，随着网络游戏和电子商务的快速发展，互联网支付逐渐成为人们日常生活的一部分。而各大电商网站因此自建支付平台，如支付宝、财付通等，这些平台提供用户注册、在线支付、交易记录查询等功能，使互联网支付更加便捷和高效。

在 2010 年之后，随着移动时代的到来，互联网支付则正式进入高速发展期。移动支付成为新的热点。随着智能手机和移动互联网的普及，人们越来越习惯于在手机上进行支付操作。移动支付平台不仅提供了基本的支付功能，还引入了扫码支付、NFC支付等创新技术，使支付更加灵活和便捷。在这一背景下，市场中的互联网支付巨头——阿里巴巴和腾讯开始大力抢占这一市场。支付宝推出了扫码支付功能，用户只需用手机扫描二维码即可完成支付。同时，微信支付也成为主要的移动支付方式之一。

随着移动支付和线下支付的融合，移动支付市场呈现出两超多强的发展格局。目前，支付宝和微信支付是移动支付市场的两大巨头，它们占据了市场份额的绝大部分。此外，银联云闪付、京东支付、拉卡拉等支付平台也在市场上占据了一定的份额。我国互联网支付得到进一步发展，移动支付成为日常生活中不可或缺的支付方式。除了支付宝和微信支付外，银联、京东支付和美团支付等也相继推出了自己的支付工具。移动支付现已在餐饮、零售、交通等领域广泛应用。

在竞争激烈的市场环境下，各支付平台都在不断推出新的功能和服务，以吸引更多的用户和商家。例如，支付宝和微信支付都提供了生活缴费、城市服务等多种功能和服务，同时还提供了跨境支付、移动理财等服务，不断扩大自己的业务范围。此外，人脸识别、指纹支付等生物识别技术也开始应用于支付领域，提升了支付的安全性和便捷性。

以人脸识别技术为例，目前，许多银行和支付机构引入了人脸识别技术作为支付验证手段。通过人脸识别技术，用户可以使用手机等设备进行人脸验证，完成支付过程，这样不仅提高了支付的便捷性，也增强了支付的安全性。在交易授权方面，人脸识别技术被用于一些高价值交易或风险较大的支付场景。例如，当用户进行跨境汇款或者虚拟货币交易时，系统可能会要求进行人脸识别，以确保交易的合法性和安全性。此外，人脸识别技术可以用于防止支付欺诈。通过对用户进行人脸验证，系统可以更好地确认用户身份，减少盗刷和非法取款等欺诈行为。另外，我国的一些银行和金融机构也在ATM取款机和柜台支付等场景中引入人脸识别技术，以提供更便捷、安全的支付服务。通过人脸识别，用户无须携带实体银行卡，即可完成取款和支付，极大地提升了用户体验。

总体而言，支付方式的发展历史是一部不断创新和变革的历史。从最初的网上银行到现在的移动与智能支付，支付的形式和功能都发生了巨大的变化。未来，随着技术的不断进步和应用场景的不断扩展，移动支付还将继续发挥重要作用，为人们的生活带来更多的便利和价值。

3.2　区块链金融

区块链金融，是指区块链技术在金融领域的应用。它将区块链技术的分布式、去中心化、不可篡改等特点与现代金融服务结合起来，为金融行业提供了一个全新、更安全的业务处理模式。

近年来，中国区块链金融发展迅速，多家金融机构开始尝试将区块链技术应用于日常业务中。数字货币是区块链技术在金融领域的最初应用，但随着技术的进步，智能合约、支付清算、票据与供应链金融、信贷融资等领域也开始尝试应用区块链技术。

区块链金融在中国的发展历史可以追溯到 2014 年左右。这一时期，比特币交易所在中国开始迅速发展，推动了区块链技术的应用和发展。同时，中国政府开始对数字货币和区块链技术进行监管和研究。到了 2016 年，区块链技术开始逐渐应用于金融领域，包括银行、证券、保险等机构的探索和尝试。此时，中国政府开始鼓励和支持区块链技术的发展和应用。然而，随着 P2P 贷款平台的爆雷和数字货币平台层出不穷的非法集资事件，中国政府在 2017 年加强对数字货币、ICO 和虚拟货币交易的监管，部分数字货币和 ICO 项目被禁止或关闭。此时，区块链技术的应用逐渐从数字货币领域转向实体经济和金融领域。到了 2018 年，中国政府进一步加强对区块链技术的支持和鼓励，发布了《中国区块链技术和产业发展白皮书》等政策文件。同时，中国的区块链金融企业开始快速发展。2019 年，中国央行宣布启动数字货币研究和试点工作，推出了数字人民币概念。区块链技术和数字货币的关系逐渐受到重视。2020 年，中国政府则继续加大对区块链技术的支持力度，发布了《关于加快推动区块链技术和产业创新发展的若干政策》等政策文件。同时，区块链金融领域的应用场景不断拓展，包括供应链金融、跨境支付、数字债券等。2021 年，中国推出数字人民币试点，区块链技术在数字货币领域的应用得到进一步拓展。此外，中国的区块链金融企业开始向国际市场扩张，包括海外交易所、数字资产管理等领域。

综上，区块链金融在我国的发展历史大致可以划分为三个阶段：

第一，2014—2016年：这个阶段主要是区块链技术的引入和评估期。在此期间，金融机构开始关注并探索区块链技术的潜在应用。一些先锋企业开始尝试使用区块链技术进行金融交易和业务处理。同时，政府和监管机构也开始关注区块链技术的发展，并对其进行评估和研究。

第二，2017—2018年：这个阶段是区块链金融的试验和概念验证期。越来越多的金融机构开始开展区块链技术的试点项目，通过测试和验证，评估区块链技术在金融领域的适用性和潜力。同时，政府和监管机构也出台了一系列政策文件，规范并引导区块链金融的健康发展。

第三，2019年至今：这个阶段是区块链金融的实际应用和深化发展期。在这个阶段，区块链技术开始在金融领域得到广泛应用。数字货币、支付清算、供应链金融、保险、证券等各个领域都开始尝试使用区块链技术提升业务处理效率和安全性。同时，企业和政府之间的合作也在不断加强，推动区块链技术在金融领域的落地和发展。

考虑到数字货币的重要性，本书在下一小节单独介绍数字货币的相关内容。本书在这一小节依次介绍区块链技术在跨境支付、供应链金融、智能合约这三个方面的应用。

首先，区块链技术在跨境支付中的应用主要体现提升交易速度、降低交易成本与提升支付安全性。传统跨境支付需要经过多个银行和中介机构进行处理，这会导致交易时间较长。而区块链技术可以实现点对点的交易，去除中间环节，从而大大提高了交易速度。传统跨境支付需要支付多种费用，包括汇率转换费、手续费等。而区块链技术可以通过智能合约实现自动化结算，减少了中间人的参与，从而降低了交易成本。区块链技术可以实现分布式账本记录，每一笔交易都被记录在区块链上，并且无法篡改。这意味着，在跨境支付中，区块链技术可以保证交易的安全性，避免支付过程中的信息泄露和欺诈行为。

以中国工商银行与泰国卡斯查银行合作推出的跨境支付平台“天府通”为例，在传统跨境支付中，由于需要经过多个银行和中介机构进行处理，每次支付的资金清算都需要耗费较长时间，而“天府通”平台基于区块链技术实现了点对点的资金清算，可以在数秒内完成。该平台利用智能合约实现了自动化的结算，降低了交易成本，并且避免了传统跨境支付中因为人为操作错误导致的交易失败和追溯难度。此外，平台使用区块链技术进行跨境支付记录的追溯，确保每一笔交易的安全性和可信度。

其次，区块链技术在供应链金融的应用主要包括但不限于以下四个方面：

第一，分布式账本：区块链技术提供了一个分布式账本，所有参与方都可以实时查看并验证交易记录，确保数据的一致性和真实性。

第二，数据验证与真实性保障：区块链技术通过密码学和哈希算法确保交易数据的不可篡改性。这为供应链金融提供了更高的数据安全性，并降低了欺诈和风险。

第三，溯源与追踪：利用区块链技术，可以追溯供应链上产品的来源和流向，确保产品质量和合规性。这有助于减少假冒伪劣产品的风险，并增强消费者对产品的信任。

第四，智能合约：通过智能合约，供应链金融中的交易条件和合约条款可以被自动化执行。当满足预定条件时，智能合约自动完成支付和结算，提高效率和降低交易成本。

区块链技术为供应链金融带来了透明化、安全性和效率。它确保交易数据的不可篡改性，使所有参与方能够实时、准确地获取供应链信息。在我国，许多公司都在积极探索和推动区块链技术在供应链金融的应用。蚂蚁集团、腾讯、京东数科等大型科技公司都在此领域有所投入和探索。例如，蚂蚁集团的“双链通”模式：结合区块链和供应链，实现核心企业的应收账款债权凭证的流转。这种模式可以降低中小企业的融资难度，提高融资效率。腾讯的供应链金融平台：腾讯利用区块链技术搭建供应链金融平台，为企业提供贷款、承兑汇票、保理等多种金融服务。通过区块链技术确保交易的真实性，降低贷款的风险。京东数科的供应链金融解决方案：基于京东的电商数据和区块链技术，为企业提供供应链融资服务。通过大数据分析，更准确地评估企业的信用状况，结合区块链确保数据的真实性，为企业提供更为便捷的金融服务。

最后，智能合约也是区块链技术的重要应用之一，因为智能合约的应用使合约执行更为自动化，减少了人为干预，同时降低了执行成本。在我国，区块链技术被广泛应用于智能合约的执行和管理。通过区块链技术，智能合约可以被自动化执行，无须第三方干预，从而确保合约的履行和信任。具体来说，当预设的条件被满足时，智能合约会自动执行相应的操作。这种自动化的方式不仅提高了合约执行的效率，还降低了人为因素导致的错误和纠纷的可能性。在我国，智能合约被应用于多个领域，如供应链管理、数字版权保护、保险自动理赔等。通过智能合约，这些领域可以实现自动化、高效、安全的合约执行，进一步推动行业的数字化转型。

综上所述，我国金融机构对区块链技术持积极态度，并在多个业务领域进行了应用和探索，包括供应链金融、信贷融资、跨境支付等。同时，我国政府高度重视区块链技术的发展，出台了一系列政策文件，为区块链技术在金融领域的研究和应用提供了有力支持。毫无疑问，区块链技术在金融领域的应用正在提升业务处理效率、增强数据安全性、降低操作风险等方面发挥出重要作用。但区块链技术在金融领域的应用仍面临着技术成熟度、数据隐私、监管合规等挑战。在未来，随着技术的不断进步和应用场景的不断拓展，相信区块链技术将在我国金融领域发挥更加重要的作用，推动金融行业的创新和发展。

3.3 数字货币

中国数字货币是由中国人民银行发行的数字形式的法定货币，由指定运营机构参与运营并向公众兑换，以广义账户体系为基础，支持银行账户松耦合功能，与纸钞硬币等价，具有价值特征和法偿性。中国数字货币主要应用了以下几类技术：

首先，区块链为数字货币提供了一个分布式账本，确保所有交易记录都是公开、透明和不可篡改的。这增加了货币流转的透明度和信任。

其次，数字货币可以利用智能合约来自动执行某些预定的交易条件或政策规则，减少人为干预和错误。

再次，区块链的加密技术为数字货币提供了更高的安全性。每笔交易都会被加密并存储在链上，使伪造或双重支付变得几乎不可能。

最后，数字货币依然具备货币的价值尺度、交易媒介、价值贮藏等基本功能，与实物人民币一样是法定货币。同时，数字货币是法定货币的数字形式，从货币发展和改革历程看，货币形态随着科技进步、经济活动发展不断演变，实物、金属铸币、纸币均是相应历史时期发展进步的产物。数字货币发行、流通管理机制与实物人民币一致，但以数字形式实现价值转移。

中国数字货币采取中心化管理、双层运营。发行权属于国家，人民银行在数字人民币运营体系中处于中心地位，负责向作为指定运营机构的商业银行发行数字人民币并进行全生命周期管理，指定运营机构及相关商业机构负责向社会公众提供数字人民币兑换和流通服务。数字人民币主要定位于现金类支付凭证（M0），将与实物人民币长期并存。

我国数字货币的发展历史可以追溯到2015年，央行发布了一系列关于发行数字货币的系列研究报告，并完成了发行法定数字货币原型的两轮修订。

2016年1月20日，央行召开了数字货币研讨会，进一步明确了央行发行数字货币的战略目标，确定将要发行法定数字货币。同年11月，央行确定使用数字票据交易平台作为法定数字货币的试点应用场景，并启动了数字票据交易平台的封闭开发工作。

2017年2月，央行数字货币研究所成功测试了基于区块链的数字票据交易平台。根据央行的安排部署，上海票据交易所会同数字货币研究所，组织中钞信用卡公司、工商银行、中国银行、浦发银行和杭州银行共同开展基于区块链技术的数字票据交易平台建设相关工作。同年6月，央行数字货币研究所在北京德胜国际中心C座9楼正式挂牌成立。

2019年，央行进一步加大数字货币的研发力度，并发布了数字人民币（Digital Currency Electronic Payment，DCEP）的概念：数字人民币，是由人民银行发行，由指定运营机构参与运营并向公众兑换，以广义账户体系为基础，支持银行账户松耦合功能，与纸钞和硬币等价，并具有价值特征和法偿性的可控匿名的支付工具。

近年来，数字货币得到了进一步的推广和应用。2020年，央行在多个城市进行数字人民币的试点测试，包括深圳、成都、苏州和雄安新区等地。居民可以通过手机钱包等方式使用数字人民币进行支付和转账。2021年，数字人民币试点扩大至更多城市，包括北京、上海、广州等一线城市。此外，央行还加强了数字货币的监管框架，推出相关法规和政策。2022年，数字人民币开始在重大国际体育赛事、企事业单位和电商平台等场景中推广应用。与此同时，央行进一步完善数字货币的技术和安全措施，以确保数字人民币的稳定运行。根据中国人民银行副行长宣昌能表示，截至2022年底，流通中数字人民币存量达到136.1亿元。

就目前数字货币实际运行情况而言，数字人民币不再采用传统的纸质或金属载体形式，其面值不再通过不同版面设计和每张纸币的固定编号来表现，而是通过钱包余额来直接表示，包括角、分位等小单位。数字人民币钱包全程受到开户银行或支付机构的监管，每次动用都需要验证密码等安全措施。而根据央行的统计方式，数字人民币被定位为现金，统计到M0中，主要用于小额零售支付，虽然其同样具备无须找零支付便捷等特性，但是由于在支付终端上体现的特性与支付宝和微信支付并无较大差异，因此在推广时存在一定的问题。

总的来说，我国数字货币的发展经历了研究、试点、推广和应用等多个阶段，目前已经成为金融领域的重要组成部分。未来，随着技术的不断进步和应用场景的不断扩展，数字货币有望得到更广泛的应用和发展。但是，截至目前，中国数字货币的应用场景较为有限，规模依然相对较小，还需要政府、业界以及学界的共同努力，才能进一步推广。

3.4 云计算和云存储

云计算和云存储技术在中国金融领域的应用历史可以追溯到2009年。这一年，工信部提出了“云计算”概念，并开始推进云计算技术的发展和应用。最初，金融机构对云计算持谨慎态度，担心数据安全和隐私问题。然而，随着技术的进步和云服务提供商的成熟，金融机构开始认识到云计算和云存储技术的潜力。

早期采用云计算的金融机构主要将其用于非关键业务应用，如电子邮件、办公自动化等。随着云计算技术的不断发展和成熟，金融机构逐渐将更多关键业务应用迁移到云端，如核心业务系统、交易系统等。同时，云存储技术也为金融机构提供了海量数据存储和备份解决方案。随着互联网金融的快速发展和金融行业对于数据处理和存储需求的增加，云计算和存储技术被越来越多的金融机构所采用。

在中国金融领域，云计算和云存储技术主要应用在数据中心建设和管理、金融风控和安全保障、数据分析和挖掘以及金融应用开发和测试这四个方面，从以下四点来详细说明：

第一，云计算技术可以帮助金融机构降低 IT 基础设施的建设和运维成本，同时实现数据中心的可扩展性和高可用性。例如，银行、证券、保险等机构都可以利用云计算技术建设自己的数据中心，以满足存储大量数据的需求。

第二，金融机构需要对交易数据和客户信息进行保护和风险控制。云计算技术可以提供安全的存储和计算环境，帮助金融机构加强风险控制和信息安全管理。

第三，金融机构需要对大量的交易数据和客户数据进行分析和挖掘，以提供更精准的金融服务。云计算技术提供了海量数据存储和处理能力，可以帮助金融机构实现数据分析和挖掘的自动化，提高数据处理效率和准确性。

第四，云计算技术可以提供灵活的开发和测试环境，帮助金融机构快速开发和测试金融应用程序。例如，支付、证券等金融机构可以利用云计算技术开发和测试移动支付、交易系统等应用程序。

目前，中国金融领域对于云计算和存储技术的需求持续增长，同时云计算和存储技术也在不断发展和升级。根据中国互联网协会组织编撰的《中国互联网发展报告 2022》数据显示，截至 2021 年底，中国云计算市场规模已达到约 3229 亿元，增速为 54.4%。目前，云计算和存储技术已经成为金融领域的标配。大多数金融机构都在采用云计算和存储技术，以提高业务效率、降低成本并增强安全性。在市场上，主要的云服务提供商包括阿里云、腾讯云、华为云等。这些云服务提供商为金融机构提供了丰富的云计算和存储服务选项，包括公有云、私有云、混合云等。同时，他们也提供了各种工具和平台，帮助金融机构更好地利用云计算和存储技术。

云计算和云存储技术之所以在金融领域具体应用广泛，是因为其具备以下特征：

首先，弹性拓展性：金融机构的业务需求往往具有周期性或突发性，云计算和存储技术可以根据实际需求弹性扩展，避免资源闲置或不足的情况。

其次，低成本性：采用云计算和存储技术可以降低金融机构的 IT 基础设施投入和运维成本，同时提高资源利用率。

再次，安全性：相关存储技术通常配备有强大的安全机制，如数据加密和访问控制，可以保护金融机构的数据安全。

最后，灵活性与便捷性：金融机构可以根据需要快速部署和调整各种应用，快速推出新产品和服务，提高竞争力。

从安全性角度来看，“两地三中心”是金融领域云存储技术常用的架构。具体而言，“两地三中心”是指在不同地理位置建立的三个数据中心，其中两个数据中心位于同一城市或地区的不同地点，第三个数据中心则建立在另一个地理位置。这种架构旨在提高系统的容灾能力和可用性，确保即使某个地区发生灾难性事件，系统仍然能够正常运行。因此，“两地三中心”架构能够有效应对自然灾害、人为事故等突发情况，避免单点故障导致的系统宕机。而分布在不同地理位置的数据中心可以提供更稳定的服务，减少因网络故障或其他原因导致的服务中断。同时，该技术还有利于数据备份与恢复，可以通过跨数据中心的数据备份和异地容灾恢复，确保数据安全和业务连续性。

虽然云计算在中国的金融行业的应用相对较晚，但近年来发展迅速。早期，中国的金融机构主要依赖于传统的 IT 架构，然而随着互联网金融的崛起和技术的快速发展，云计算逐渐被引入并应用于金融领域。目前，中国的金融行业广泛采用云计算技术，市场规模持续扩大。主要的推动力量包括业务创新、成本优化、灵活性增强等。大型银行、证券公司和保险公司都在积极建设自己的私有云或采用公有云服务。市场上，阿里云、腾讯云、华为云等主流云服务提供商在金融领域都有深入布局，为金融机构提供从 IaaS 到 PaaS、SaaS 的全方位云服务。此外，很多金融科技公司也利用云计算技术为小微企业和个人提供普惠金融服务。

以阿里云为例，阿里云为该上海银行提供了混合云解决方案。这一方案整合了公有云和私有云的优势，既保证了数据的安全性和私密性，又具备了公有云的弹性和扩展性。通过混合云架构，该银行能够将敏感数据存储在私有云中，而将非敏感数据和应用部署在公有云上，实现业务的高效运行和资源的最优利用。同时，阿里云在核心业务系统上云助力银行降低成本。阿里云协助该大型银行将核心业务系统迁移至云端。通过云计算的高可用性和弹性扩展能力，核心业务系统能够更好地应对业务峰值，提高系统的稳定性和可靠性。另外，云计算的按需付费模式也帮助该银行降低了 IT 成本。此外，阿里云提供的大数据技术为该大型银行提供了强大的数据分析能力。通过云计算平台上的大数据工具，该银行能够实时分析海量数据，洞察客户需求，优化产品设计，提高市场风险防控能力。这为该银行的精细化管理和智能化决策提供了有力支持。

随着科技的飞速进步，云计算和云存储技术在金融领域的应用已经日益显现其巨大价值，可以预见这两种技术将在金融行业中扮演更为重要的角色。具体地，云计算和云存储技术将给金融行业带来以下几点优势：

首先，业务连续性将得到增强。金融机构对于业务连续性和灾备恢复的要求极高。通过云计算和云存储技术，金融机构能够更加高效地实现数据的备份与恢复，确保业务在任何情况下都能迅速恢复正常。

其次，数据分析将更加智能化。金融行业的核心是数据。云计算结合大数据技术，将为金融机构提供更强大、更智能的数据分析工具。未来的金融机构不仅能实时分析大量数据，更能通过机器学习、人工智能等技术，预测市场趋势，为客户提供个性化服务。

再次，金融服务将更为普惠。云计算和云存储技术降低了金融服务的成本和门槛，使更多中小企业和个人能够享受到便捷、高效的金融服务。这将进一步推动金融行业的包容性增长。

最后，跨界合作将成为新常态。金融与科技的结合将创造无数可能。云计算和云存储技术为金融机构提供了开放、灵活的合作平台。金融机构与科技公司、电商平台等的跨界合作将更加紧密，共同打造新的金融生态圈。

随着科技的飞速发展，云计算和云存储技术在中国金融领域的应用已经逐渐展现出其巨大的潜力和价值。从2009年工信部提出“云计算”概念开始，金融机构对这两项技术的态度经历了从谨慎到积极采用的转变。如今，云计算和云存储已经成为金融行业的重要支撑，广泛应用于数据中心建设、金融风控、数据分析和金融应用开发等多个方面。另外，云计算的弹性拓展、低成本、高安全性和灵活性等特点，使其特别适合金融行业的需求。同时，云存储技术通过“两地三中心”等架构，确保了数据的安全性和业务的连续性。市场上主流的云服务提供商如阿里云、腾讯云和华为云等，都在金融领域深耕多年，为金融机构提供了丰富的解决方案和服务。

总体而言，云计算和云存储技术在中国金融领域的应用已经取得了显著的成果，但仍面临诸多挑战和机遇。未来，随着技术的不断创新和市场需求的持续增长，这两项技术将在金融行业中发挥更加重要的作用，推动金融行业实现更高效、智能和安全的发展。

3.5 人工智能

人工智能技术在金融领域的应用指的是利用机器学习、深度学习、自然语言处理等技术，对金融数据进行智能分析，辅助金融业务决策，提高金融服务效率和质量的一种技术手段。在金融领域，人工智能技术已经得到广泛应用，包括银行、保险、证券等不同领域。随着技术的不断进步，人工智能在金融领域的应用正在不断深入。中国的人工智能金融市场发展尤为迅速，众多金融机构和科技公司都在积极布局，推动人工智能技术在金融领域的广泛应用。其中，智能风控和智能投顾是近年应用最为广泛和深入的两类业务。

智能风控是指利用人工智能技术对金融交易和投资活动进行智能化风险识别、监测和控制的过程。在中国金融领域，智能风控经历了从起步到蓬勃发展的历程，成为金融机构和监管部门关注的重点领域。智能风控的应用历史可以追溯到近十年前，这一时期，随着金融科技的迅猛发展和监管要求的加强，金融机构开始引入人工智能技术，以提高风险识别和监测的效率和精准度。目前，智能风控已经成为中国金融领域的一项重要服务，许多银行、证券公司和互联网金融平台都积极部署智能风控系统，以保障金融交易的安全和稳健发展。它的发展和应用与大数据、人工智能等技术的成熟密不可分。

目前，智能风控已成为中国金融行业的标配。无论是传统金融机构还是新兴的金融科技公司，都在积极采用智能风控技术来强化风险管理。市场上，众多企业提供了智能风控解决方案，涵盖了信贷、保险、反欺诈等多个金融场景。

从技术角度来看，智能风控首先依赖于大数据技术来收集、整合和分析海量数据，包括用户基本信息、交易数据、行为数据等，以揭示风险模式和异常行为；其次，通过机器学习算法，智能风控可以自动学习和优化风险模型，实现对风险的精准评估和预测；再次，深度学习技术则可以处理更加复杂的非线性关系，进一步提高风险预测的准确性；最后，自然语言处理技术也被应用在反欺诈等领域，该技术通过分析文本信息，识别潜在的欺诈行为。

智能风控具备以下三点特性。

第一，数据驱动：智能风控注重数据的采集和分析，以数据为基础进行风险决策。

第二，实时运算：智能风控可以实时监测和分析风险，实现即时响应。

第三，精准识别：通过机器学习和深度学习等技术，智能风控能够建立精准的风险预测模型，降低误报和漏报的风险。

以金融领域的反欺诈为例，百度成功应用机器学习技术，打造了一套高效、精准的反欺诈系统。该系统利用大数据和先进算法，实现了对欺诈行为的实时监测和精准拦截，确保了广大用户的资金安全。在这套反欺诈系统中，百度首先通过大数据技术实现对海量数据的收集、整合和分析。其次，利用特征工程技术提取与欺诈行为相关的关键特征。再次，采用多种机器学习算法进行模型的训练和优化，以实现对风险的精准评估。最后，通过实时计算技术对新交易进行即时风险评估和决策。百度反欺诈系统上线后，取得了显著成果。根据公开数据，该系统成功拦截了数十万笔疑似欺诈交易，避免了数亿元人民币的潜在损失，确保了广大用户的资金安全。

在信贷领域，蚂蚁金服通过独特的技术手段与创新方法，成功打造了一套全面、高效的智能风控体系，为金融机构提供了卓越的风险管理解决方案。其成果不仅体现在大幅降低风险损失，更在于提升了整体行业的风控水平。蚂蚁金服的智能风控体系是在其多年的金融业务中逐渐打磨完善的。在智能风控体系的构建过程中，蚂蚁金服采取了一系列创新性的举措。首先，蚂蚁金服将用户的基本信息、交易记录、行为数据、第三方数据源等多维度数据进行融合，形成了全面而深入的用户画像，为后续的风险评估提供了坚实的数据基础；其次，蚂蚁金服在智能风控中广泛运用了机器学习、深度学习等先进算法。例如，在信贷审批场景中，利用逻辑回归、神经网络等算法建立信用评分模型，实现自动化、精准化的审批决策；最后，通过流式计算、实时数据分析等技术，蚂蚁金服的智能风控系统能够对新交易、新行为进行实时风险评估。一旦发现可疑风险，系统将立即触发警报和干预机制。

另外，智能风控在中国市场蓬勃发展的同时，智能投顾技术也被广泛应用在金融领域中。智能投顾是指利用人工智能技术为投资者提供量身定制的投资建议和组合服务。智能投顾在中国金融领域的应用可以追溯到2010年左右。当时，一些金融科技公司开始尝试利用大数据分析和机器学习等技术，为投资者提供个性化的投资建议。随着人工智能技术的不断发展和市场需求的增长，智能投顾逐渐得到了金融机构和投资者的认可和接受。目前，智能投顾已经成为中国金融领域的一项重要服务，许多证券公司、基金公司和互联网金融平台都推出了相应的智能投顾产品。

当前，中国的智能投顾市场呈现出以下特点：

第一，参与主体多样：目前，该市场的参与者包括独立第三方财富管理机构、传统金融机构、互联网巨头等；业务模式创新化：演化出了独立建议型、综合理财型、配置咨询型、类智投模式等多种本地化的业务模式。

第二，技术驱动明显：金融科技公司不断引入先进的人工智能技术和大数据分析手段，提升智能投顾产品的精准度和个性化程度。

第三，监管支持：中国的金融监管部门积极支持金融科技创新，为智能投顾的合规发展提供了政策环境和监管框架。

以蚂蚁财富为例，蚂蚁财富的智能投顾平台是蚂蚁金服集团下一款引领行业的产品。它集成了大数据、云计算、机器学习和深度学习等先进技术，为用户提供个性化、精准化的投资顾问服务。在客户体验方面，蚂蚁财富的智能投顾平台追求极简与智能。用户首次进入平台时，只需简单的几步操作，便可完成投资偏好的设置。随后，平台会为用户生成个性化的投资组合建议。在投资过程中，平台会实时监控市场动态，为用户提供资产配置的调整建议，确保用户的投资始终处于最佳状态。

更为重要的是，自 ChatGPT 问世以来，大语言模型也在金融领域中逐步得到推广。一方面，大语言模型可以用于生成金融领域的文本，如市场分析报告、投资策略建议等。另一方面，它能够理解和模仿人类的语言模式，生成自然、流畅的文本内容。此外，该模型还具备文本摘要能力，可以将长篇的金融文档缩减为简洁的摘要，方便用户快速浏览和理解关键信息。而在金融市场中，情绪和观点对投资决策有着重要影响。大语言模型模型还可以分析社交媒体、新闻文章等文本数据，进行情感分析和观点挖掘。它能够识别文本中的情感倾向和投资者的观点，帮助金融机构更准确地把握市场情绪和投资者意愿，从而作出更明智的决策。

近年来，人工智能技术在金融领域的发展日益引人注目。从智能风控到智能投顾，再到大语言模型的应用，技术正在不断地为金融领域注入新的活力和可能性。智能风控凭借大数据和先进的算法，为金融机构提供了强有力的风险管理工具，确保了资金的安全和交易的稳健。智能投顾则通过个性化、精准化的投资建议，为投资者提供了更为人性化的服务。而大语言模型的应用则进一步展示了人工智能在金融文本处理、情感分析等方面的潜力。

数字技术创新推动了金融行业的变革。数据驱动、实时运算、精准识别等特点，使金融服务更加高效、准确。同时，多样化的参与主体和创新化的业务模式也使金融市场更加活跃和丰富。综上所述，人工智能技术在金融领域展现出巨大的潜力和价值。我们期待未来金融与人工智能的更加深度融合，为全球用户带来更加智能、高效、安全的金融服务体验。

第4章
数字金融业态变革

随着科技的日新月异，数字金融业态正在经历一场前所未有的变革。这场变革以线上化、平台化和数智化为三大核心驱动力，不仅重塑了金融行业的生态格局，更在深刻改变着中国居民的日常生活和经济运行方式。

首先，线上化作为这场变革的先声，已经从一种新兴趋势迅速转变为行业标配。从互联网浪潮的初起，到移动支付的普及，再到如今基于VR和AR技术的沉浸式金融体验，中国金融业务的线上化历程如同一部生动的技术进步史，更是一部市场和消费者需求变革的纪实。它提高了金融机构的运营效率，降低了成本，并通过优化资源配置提升了整个金融行业的运行效率，对于促进中国经济的持续发展具有重要意义。

其次，平台化是金融机构在数字化时代中生存和发展的关键。通过构建一个综合性、开放性的金融服务平台，整合各种金融资源和服务，以满足用户一站式、高效便捷的金融服务需求。从银行内部的平台化到金融机构之间的合作平台，再到跨界生态圈的建设，平台化已经成为金融行业不可或缺的一部分。它不仅为用户提供了更加便捷、个性化的服务体验，更推动了金融与科技、产业等领域的深度融合，为金融行业开拓了更加广阔的市场空间。

最后，数智化则是金融机构深度数字化升级的体现，代表了金融机构能够全面获取并整合不同领域、形式多样的数据，并运用先进的人工智能技术从海量数据中提炼出有价值的信息和洞察。这种数智化转型强调数字化技术与金融业务的深度融合以及数据驱动决策的核心价值，为金融机构提供了更加精准、智能的决策支持。

未来，中国金融业务将继续深化线上化、平台化和数智化的发展。金融科技与业务的深度融合、个性化与智能化服务的普及、跨界合作开拓新服务领域以及安全与合规的重要保障等趋势将更加明显。面对这些挑战和机遇，金融机构需要积极把握时代脉搏，以创新为动力，不断推动中国金融业务向更高水平迈进。

总之，数字金融业态的变革是一个不断深化的过程，线上化、平台化和数智化作为其核心驱动力，正在推动着金融行业朝着更加高效、智能、便捷的方向发展。这不仅将为金融机构带来前所未有的机遇，也将为居民日常生活和经济运行方式带来更加深远的影响。本章将在后续三个小节详细介绍金融业务线上化，金融机构平台化和金融数智化的现状与特征。

4.1　金融业务线上化

4.1.1　金融业务线上化的背景与历史

随着中国经济的蓬勃发展和科技的日新月异，金融业务线上化已经成为不可逆转的趋势。中国金融业务从简单的在线查询账户余额、转账，到智能手机的普及带来的移动支付革命，再到如今基于 VR 和 AR 技术的沉浸式金融服务体验，中国金融业务的线上化正在经历一场深刻的变革。

这场变革不仅改变了金融机构的服务模式，更重塑了用户的金融消费习惯。传统的线下网点逐渐被线上服务所取代，金融科技的力量正在推动金融行业向更高效、智能、便捷的方向发展。同时，这场变革也带来了新的挑战和机遇，如何适应和引领这场变革，成为每一家金融机构必须面对的问题。

金融业务线上化的意义在于它打破了时间和空间的限制，为用户提供了更加便捷的服务体验。用户可以随时随地通过手机或电脑办理各种金融业务，无须再到实体网点排队等待。此外，线上化还降低了金融机构的运营成本，提高了服务效率，使更多的金融资源能够惠及更广泛的人群。

中国金融行业业务线上化的历史可以追溯到 20 世纪末至 21 世纪初的

互联网浪潮。随着互联网技术的不断进步和普及，中国金融行业开始尝试将传统业务线上化。在互联网发展初期，一些先行者开始尝试在网上提供简单的金融服务，如在线查询账户余额、转账等。随后，网上银行逐渐崭露头角，各大银行纷纷推出自己的网上银行服务，使客户可以足不出户办理各种银行业务。近年来，随着智能手机的普及，移动支付迅速崛起。支付宝、微信支付等成为日常生活中的常见支付方式。同时，伴随着移动设备的进一步普及，各大金融机构的业务线上化的过程在进一步加速。

4.1.2 银行业务线上化的转型与升级

以银行业为例，无接触式服务的崛起促进了中国中小银行的数字化转型升级，从而在银行业商业模式中引发了巨大的变革。银行比以往任何时候都更清楚地认识到数字化转型的迫切性和必要性。这种转型不仅改变了企业的战略布局和生产方式，还催生了新的业务模式、管控模式和商业模式的探索。

此前，银行强调线下网点的布局，致力于缩短网点与客户的距离，以加强客户服务。如今，银行的重点转向了线下业务的线上化。通过金融科技，银行加速了全面的云化转型，推动了线上线下运营的融合，全面地进行了流程再造，不断完善“数字化、全流程、标准化”的运营模式。

新一代的信息技术在银行的数字化转型中发挥了关键作用。它们重新定义了数据的收集、传输、存储和分析过程，打破了各个层级之间的数据壁垒，从而提高了企业生产、工作和运营效率。这种转型不仅改变了企业的战略思维，赋能了银行的商业模式，还提高了企业的根本竞争力，推动了世界经济形势的大变革，促进了经济与社会的双赢局面。

以中国银行为例，其面向公司金融客户，加速了数字化转型，持续优化电子渠道功能，打造了集团综合金融服务门户。对于个人金融客户，中国银行坚持手机银行的建设方向，持续优化功能、提升体验，积极推动个金业务的数字化转型。

尽管数字化转型带来了显著的成效，但银行网点仍然面临挑战。根据中国银保监会金融许可证信息平台的数据，最近几年银行网点关停数量显著增加。2020 年，全国有 3386 家银行网点关闭，而在 2021 年，这一数字降至 2809 家。以四大国有银行为例，即中国银行、农业银行、工商银行和中国建设银行，2021 年它们合计净减少了 538 家营业机构。银行网点减少的原因是多方面的。其中一个原因是银行业竞争加剧，推动银行优化网点布局并削减不必要的网络节点。然而，更重要的原因是疫情和数字化变革改变了人们的生活习惯，减少对实体网点的依赖，并加速了银行线上线下业务的转型。这一变革更加推动了银行寻求无接触式服务，而金融科技和数字化手段赋予了银行将线下业务转向线上的能力。在新时代下，银行积极致力于自身的数字化转型，加快线上业务布局，深入推动实体网点的数字化转型，并精细调整网点资源配置策略，以促进线上线下融合，实现价值创造的能力提升。

因此，新时代下的银行正致力于自身的数字化转型，加速线上业务的发展布局，并深入推进实体网点的数字化转型。它们希望通过细化网点资源的差异化配置策略，促进线上线下的加速融合，实现价值创造的能力。在这个过程中，中国工商银行和中国建设银行等大型银行成为行业的领跑者，通过持续的科技创新和模式创新，它们正在为全行业的数字化转型树立新的标杆。

4.1.3　VR 与 AR 技术在金融业的应用

近年来，随着中国金融行业的快速发展，线上化业务已经成为一种趋势。在这种背景下，VR（虚拟现实）和 AR（增强现实）技术也逐渐渗透到金融领域中，为金融业务线上化带来了新的方式和格局。

利用 VR 技术，金融机构可以构建 360 度的全景虚拟营业厅，用户通过 VR 设备即可全方位地了解金融产品和服务。AR 技术可以帮助金融机构提供远程服务，如远程咨询、远程办理业务等，提高服务效率。VR 和 AR 技术结合，可以为用户提供更加沉浸式的金融产品体验。例如，用户在购买理财产品时，可以通过 VR 技术模拟未来的收益情境，使其更加直观地了解产品优势。

传统的金融服务模式主要依赖于线下营业厅，而 VR 和 AR 技术的引入，使金融机构可以提供更加便捷、高效的线上服务，从而改变了金融服务的模式。通过 VR 和 AR 技术，金融机构可以为用户提供更加丰富、生动的体验，增加用户黏性，提升用户满意度。VR和AR技术的发展，也为金融机构与其他行业的跨界合作提供了新的机会。例如，金融机构可以与电商、旅游等行业合作，通过VR和AR技术提供更加丰富的消费场景。

近些年，得益于5G技术的快速发展和普及，VR在中国金融领域的应用迅速崛起。5G的高带宽和低延时特性为VR提供了更好的技术支持，使金融领域的VR应用更加丰富和流畅。目前，VR在中国金融领域的应用主要集中在以下四个方面：

第一，虚拟营业厅：通过VR技术，用户可以身临其境地体验银行的营业厅环境，了解各种金融产品和服务。

第二，沉浸式金融培训：VR为金融从业人员提供了更为真实的培训环境，如模拟交易、风险管理等场景，提高培训效果。

第三，投资者教育：通过VR技术，投资者可以更直观地了解金融市场和投资产品的运作机制，增强投资决策能力。

第四，远程金融服务：VR技术使得金融机构可以提供远程的咨询、办理业务等服务，提高服务效率。

以中山云金融为例，它是国内首个以虚拟现实（VR）形式呈现的中山本土的金融服务对接平台。中山云金融采用VR技术，为用户提供沉浸式的金融体验。这种形式的呈现使用户能够更为直观地了解金融产品和服务，增强用户的参与感和体验深度。

同时，该平台提供全流程的金融服务，涵盖了金融业务的多个环节。从业务需求的发起，到最终的业务完成，中山云金融为用户提供了一站式的服务，确保用户的需求得到满足。通过先进的匹配算法和大数据分析，中山云金融能够促进银行和企业之间的精准对接。这样不仅可以提高银行业务的效率，还可以确保企业得到最合适的金融服务。

中山云金融为中山地区的金融服务带来了新的活力和创新。它利用先进的VR技术，提供全流程的金融服务，促进银企之间的精准对接，并确保满足人民群众的多样化金融需求。这为中山地区的金融行业树立了一个新的标杆，也为其他地区的金融服务提供了有价值的参考。

随着中国金融行业的业务线上化不断深入，VR和AR技术作为新的技术手段，正在为金融领域带来前所未有的变革。未来，VR和AR技术将在金融领域发挥更大的作用，为用户提供更加便捷、高效、沉浸式的金融服务体验。

目前，业务线上化已经从一种新兴趋势转变为行业标配。从互联网浪潮的初起，到移动支付的普及，再到如今基于 VR 和 AR 技术的沉浸式金融体验，中国金融业务的线上化历程不仅见证了技术的进步，更反映了市场和消费者需求的变革。

最后，中国金融行业的业务线上化发展还将继续。一方面，技术进步驱动线上化深入发展，从简单的在线查询、转账到复杂的投资理财，金融业务的线上化得益于互联网、大数据、云计算等技术的不断进步。这些技术为金融机构提供了强大的数据处理和分析能力，使线上服务能够更加精准、高效。另一方面，金融业务线上化不仅提高了金融机构的运营效率，降低了成本，还通过优化资源配置，提升了整个金融行业的运行效率。这对于促进中国经济的持续发展具有重要意义。

4.1.4　金融业务线上化的未来展望

展望未来，中国金融业务的线上化将继续深化，并呈现出以下趋势：

首先，金融科技与业务的深度融合将成为不可逆转的趋势。随着人工智能、区块链等尖端技术的日益成熟，金融科技将在金融业务的各个环节中发挥更加核心的作用，从风险管理到产品创新，金融科技将成为推动金融业务线上化向更高层次发展的关键驱动力。

其次，个性化与智能化服务将逐渐成为主流。基于大数据和人工智能技术的精准分析，金融机构将能够更深入地理解消费者需求，为用户提供更加个性化、智能化的服务体验。这一转变将极大地提升用户体验，同时成为金融机构打造核心竞争力的关键所在。

再次，跨界合作将开拓金融服务的新领域。金融机构将积极寻求与其他行业的跨界合作机会，共同探索基于金融科技的全新服务领域。例如，通过与教育、医疗、旅游等行业的紧密结合，金融机构将能够为用户提供更加丰富、多元的金融服务体验，进一步拓展市场份额。

最后，安全与合规将成为金融业务线上化发展的重要保障。随着线上金融服务的广泛应用，安全与合规问题将更加凸显。金融机构需要不断加强自身的风险管理能力，确保线上服务的安全性和合规性，以营造更加可信赖的金融服务环境，赢得用户的长期信任与支持。

综上所述，中国金融业务的线上化在经历多年的快速发展后，仍将继续保持强劲的发展势头。面对未来挑战与机遇并存的形势，金融机构需要积极把握时代脉搏，以创新为动力，不断推动中国金融业务线上化向更高水平迈进，共同塑造金融业的美好明天。

4.2 金融机构平台化

4.2.1 金融机构平台的背景与历史

平台化在金融领域指的是通过构建一个综合性、开放性的金融服务平台，整合各种金融资源和服务，为用户提供一站式、高效便捷的金融服务。这种平台通常基于互联网技术，结合大数据、人工智能等先进技术手段，以实现金融服务的智能化、个性化。

随着数字化的深入推进，金融机构的平台化转型已成为一种必然趋势。这种转型不仅仅是技术的变革，更是金融机构在数字化时代中生存和发展的关键。在金融机构平台化转型的起始阶段，金融机构意识到数字化的重要性，开始进行局部的数字化尝试，如线上银行、电子支付等。随后，金融机构开始内部平台化，即在初步尝试成功后，金融机构开始深度整合内部资源，基于自有业务和资源，构建内部的数字化平台，实现业务的平台化处理和服务。进一步地，金融机构会以跨界合作为形式进一步平台化，金融机构意识到单靠自身力量难以实现全面的数字化，开始与其他金融机构、科技公司等进行合作，共建数字化平台，实现资源的共享和互补。

4.2.2 金融机构内部平台化

本节以银行为例，介绍金融机构内部平台化的过程。此进程涉及银行如何基于自身资源和能力，构建内部的数字化平台，进而提供更为系统化、生态化的金融服务。银行内部的平台化过程始于对自有业务资源和金融科技能力的全面盘点和整合。银行拥有大量的客户数据、交易记录和业务经验，这些都是平台化过程中的宝贵资源。与此同时，随着金融科技的快速发展，银行也逐步积累了技术能力和人才储备，为平台化提供了坚实的技术基础。

在这一基础上，银行开始自建平台生态圈，这一过程的核心是向内打通共享平台，向外输出系统化服务能力。对内，银行通过构建统一的业务中台、数据中台和技术中台，实现内部资源的共享和复用，提高运营效率。对外，银行则通过 API、SDK 等方式，将金融服务嵌入各类场景中，为企业提供系统化的解决方案。生态圈的建立不仅仅是技术的整合，更是业务模式的创新。例如，一些大型银行如工商银行的“融 e 购”和建设银行的“善融商务”等，通过建立自身的交易场景，为客户提供一站式的金融服务。这些平台不仅提供了基础的支付、结算服务，还整合了供应链金融、消费金融、财富管理等业务，满足了客户的多元化需求。

浙商银行是此过程中的代表性案例。2019 年，浙商银行正式确立并实施平台化服务战略。该战略强调运用互联网、大数据、区块链等前沿金融科技，目标是打造一个“科技 + 金融 + 行业 + 客户”的综合服务平台。在此战略框架下，浙商银行跨界融合各种资源，构建了一个开放、共享的生态体系。这个生态体系不仅为客户提供全视角、全流程的价值服务，还通过数据驱动实现了业务的智能化决策和运营。

4. 2. 3　金融机构之间的平台化

在金融机构的平台化进程中，除了内部的平台化，还有两类重要的过程，分别是金融机构之间的合作平台和跨界生态圈的建设。

银行之间的合作平台是金融机构外部平台化的重要表现形式，开放银行模式成为其关键实现路径。目前，众多大中型银行以及部分城商行、互联网家银行已经开始布局开放银行业务。这种开放银行模式主要通过应用程序编程接口（API）的方式，使金融服务与各种场景有效地结合在一起。从而克服了传统物理网点和客户经理服务的局限性，实现了 7 × 24 小时的不间断服务，并大大提高了服务覆盖面。

平安银行的开放银行业务总监李跃在接受记者采访时指出，开放银行能够促使金融服务和场景紧密结合，使得金融服务能够更轻易地服务于小微企业，并促进生态圈内产业各方资源的良性循环。然而，开放银行业务在服务实体经济过程中仍面临许多挑战，如与产业的互联互通程度较低、现有的IT架构和技术能力较弱、缺乏有效的内外部生态管理机制和运营策略等。这些问题的根源在于尚未建立一个完善、开放的生态体系。

跨界生态圈则是平台化的另一种重要形式。在这个过程中，商业银行主要通过消费互联网和产业互联网两种方式来完成平台化。消费互联网主要打通个人消费者与银行之间的金融服务，而产业互联网则主要贯穿中小企业与银行之间的信贷服务。在消费端，平台化已经趋于成熟，但风险识别与数智化信贷技术仍有待提升。各大消费金融平台一边连接互联网消费场景，一边连接中小银行，实现了消费金融的资产端与资金端的贯通。以南京银行的"鑫云+"平台为例，它通过一端对接多家互联网平台，一端对接多家区域性中小银行，实现了金融服务的广泛覆盖和有效风控。

总的来看，无论是银行之间的合作平台还是跨界生态圈的建设，都需要金融机构拥有开放、共享的思维，通过整合内外部资源、提升技术能力、创新业务模式等方式来实现平台化。这是一个复杂且必要的过程，对于金融机构来说，只有积极拥抱变革，才能在日益激烈的市场竞争中保持领先地位。

在经历内部平台化、跨界平台化与全面平台化后，金融机构往往会具备以下特征：

开放化：平台化的金融机构不再是封闭的系统，而是开放的生态。通过API、SDK等方式，与第三方进行数据和技术的交流，实现服务的无缝对接。

数智化：平台化的过程中，金融机构不仅实现业务的数字化处理，更注重数据的价值挖掘，运用大数据、人工智能等技术，实现数智化决策和服务。

跨界化：金融机构不再单打独斗，而是与科技公司、其他金融机构等共同合作，共建数字化平台，实现资源的最大化利用。

在众多非银行类金融机构中，蚂蚁集团的平台化是一个很成功的案例。蚂蚁集团通过支付宝这一核心平台，为亿万用户提供了全方位的金融服务。以支付为基础，蚂蚁扩展了贷款、理财、保险等多种业务。例如，通过“余额宝”为用户提供高收益的货币基金理财服务，通过“花呗”和“借呗”提供消费信贷服务，同时还与多家保险公司合作，为用户提供各类保险产品。

此外，各种小型的金融平台也在数字金融技术的支持下蓬勃发展，其中，众筹平台是数字技术驱动的金融模式创新的杰出代表。众筹平台通过产品众筹、股权众筹和捐赠众筹等多种方式，实现了金融资本与社会需求的直接对接。其本质是提供了一种平台化的直接融资方式，让筹资人在众筹平台上注册融资项目信息，进而借助互联网和社交网络向公众募集资金或寻求其他形式的物质支持。

这类平台作为中介机构，其核心功能在于通过强大的信息管理系统，有效降低出资人与众筹项目发起人之间的信息不对称。这体现在用户交互、支付处理、数据分析等多个方面，这些功能与线下融资业务（如银行借贷、股权交易等）具有相似性，但众筹平台的开放性和参与性更强。

以泰山众筹为例，该平台自 2018 年起将众筹与电商业务融合，这是一种商业模式的创新，它不断为用户提供更多选择和价值，同时也促进了众筹业务的发展。在技术层面，众筹平台可以充分利用大型金融机构、电商等领域的数字技术应用，提升自身的信息管理能力。尤其是区块链技术，可以为众筹平台提供透明、去中心化、无法篡改的环境，让众筹过程更加公正、安全、便捷。例如，Kickstarter 在 2018 年推出 Kickstarter 区块链，通过区块链技术验证项目和创意的真实性，提高了项目的可信度。

在中国，虽然区块链技术驱动的众筹平台还处在初级阶段，但随着可加载智能合约的数字人民币的试点与推广，区块链技术将在众筹领域发挥更大的作用。这种技术的应用将有助于解决中小企业融资难的问题，推动众筹行业的健康发展。

4.2.4　金融机构平台化的未来展望

随着数字化的深入推进，金融机构的平台化转型已成为必然趋势。即构建一个综合性、开放性的金融服务平台，整合各种金融资源和服务，以满足用户一站式、高效便捷的金融服务需求。从起步阶段的局部数字化尝试，到内部平台化的深度整合，再到以跨界合作为形式的进一步平台化，金融机构的平台化历程呈现出不断升级、不断拓展的趋势。

在这个过程中，银行作为代表性的金融机构，经历了从自建平台生态圈到跨界生态圈建设的转变。通过打通共享平台、输出系统化服务能力，银行不仅实现了内部资源的有效利用，还将金融服务嵌入各类场景中，为企业和个人用户提供了更为便捷、个性化的服务体验。浙商银行等平台化服务战略的成功实施，充分展示了金融机构在平台化进程中取得的显著成果。

除了银行内部的平台化，金融机构之间的合作平台和跨界生态圈的建设也是平台化进程中的重要环节。开放银行模式的出现为金融机构之间的合作提供了新的可能，通过 API 等方式实现金融服务与场景的紧密结合，克服了传统服务的局限性。同时，跨界生态圈的建设则进一步推动了金融与科技、产业等领域的融合，促进了资源的最大化利用。

平台化将成为金融机构在数字化时代中生存和发展的关键。金融机构需要具备开放、共享的思维，通过整合内外部资源、提升技术能力、创新业务模式等方式来实现平台化。随着技术的不断进步和应用场景的不断拓展，金融机构的平台化将呈现出更加开放化、数智化和跨界化的特征。这不仅将为用户提供更加便捷、高效的金融服务，还将推动金融行业的整体转型和升级。

总之，金融机构的平台化转型是数字时代下的必然趋势。通过平台化战略的实施，金融机构能够更有效地整合资源、提升服务质量和拓展市场空间。随着技术的进步和应用场景的拓展，平台化将呈现出更加开放、智能和跨界的特点，推动金融行业实现更高层次的转型和发展。

4.3　金融行业数智化

4.3.1　金融行业数智化的背景与历史

中国金融行业的数智化，指的是在金融机构的数字化转型进程中，其业务流程、数据存储、信息管理等核心环节都实现了深度的数字化升级。这种升级不仅仅是简单的技术更新，而是金融机构能够全面获取并整合源于不同领域、形式多样的数据。进一步地，这些机构运用先进的人工智能技术，从海量数据中提炼出有价值的信息和洞察，为金融决策提供更强大、更精准的数据支持。

这种数智化转型，代表了“数字化转型”中的一个全新、高阶的阶段。它强调数字化技术与金融业务的深度融合，以及数据驱动决策的核心价值。数字化转型为金融机构积累了庞大的数据资源，为数智化发展奠定了坚实基础。而人工智能技术的日新月异，将为金融数智化发展注入强大的动力，推动金融行业进入一个更加智能、高效的新时代。

在数字化阶段，金融行业广泛采用大数据、云计算等技术，实现了业务数据的集中存储和处理。这一时期，金融机构开始提供移动支付、线上贷款等多样化服务。随着人工智能、机器学习等技术的成熟应用，金融行业进入智能化阶段。金融机构运用这些技术优化风险管理、客户画像、精准营销等方面，实现了业务的智能化决策。

另外，金融行业在数智化转型的过程中表现出三个特性，技术的广泛应用、业务的不断创新与金融服务的普惠化。首先，大数据、云计算、人工智能、区块链等技术在金融行业得到广泛应用，为金融机构提供了强大的技术支持。其次，在金融科技的推动下，金融行业涌现出众多业务创新，如数字货币、智能投顾、供应链金融等。最后，数智化技术使得金融服务更加便捷、高效，推动了金融服务的普惠化，让更多人受益于金融服务。

4.3.2 金融行业数智化的业务应用

目前，中国金融行业数智化的业务可以分为两大类。第一类是基于大语言模型的主要服务于前台的智能客服、智能投顾和智能营销；第二类则是基于机器学习与深度学习的智能风控与智能信贷。当然，实际上主要服务于前台的智能客服的大语言模型也离不开中后台的深度学习算法的助力。

以大语言模型为例。在2022年ChatGPT 3.5发布之后，大型金融机构开始积极探索大模型和生成式人工智能在金融创新中的应用。金融壹账通就是其中的佼佼者。依托平安集团30多年的金融业务经验和数据积累，金融壹账通打造了“加马智慧语音解决方案”。该方案将产品与业务相结合，针对智能风控、智能营销、智能客服等多种业务场景，提供了300+语音机器人流程、3000+文本FAQ库、200+质检模型和60+智能辅助模板。这种创新性的解决方案，不仅提供了AI场景构建，还有助于AI运营团队的建设及培养咨询，有效提升了AI场景的效果。

截至2022年底，加马智慧语音已经成功服务了近百家客户，取得了显著的效果。在智能客服方面，AI+导航和AI+文本机器人成功分流了人工服务量，平均人工替代率达到60%以上，极大地提高了人工坐席的产能。在智能催收方面，信用卡催收作业时效提升了80%，客诉率降低了90%，AI+催收对话分析的质检准确率高于85%，坐席助手的意图准确率超过90%。在智能营销方面，中长尾客户的AI触达率达到了100%，理财破冰额突破10亿元，APP端AI销售额超过百亿元，AI销售占比高达62%。

招商银行也是将人工智能应用在金融创新的佼佼者，招商银行以“招商银行”和“掌上生活”两大App为核心，构建了涵盖网络经营服务中心、网点可视化设备的智能服务网。这个智能服务网的目标是提高客户服务质量和效率。在这个过程中，招商银行强化了其App智能客服和掌上生活App智能客服的AI服务能力和闭环服务能力。这意味着，这些智能客服不仅能提供咨询服务，还能在咨询过程中解决问题，形成服务闭环，进一步提高服务效率和质量。

招商银行发布的智能财富助理“AI小招”，是该行在人工智能领域的另一重要应用。“AI小招”基于大数据技术，通过知识沉淀与机器训练，更加理解客户和产品。它提供7×24小时的财富陪伴服务，能为客户提供收益查询、涨跌分析、市场热点解读、产品推荐、资产配置建议等财富管理综合服务。这可以说是招商银行在财富管理服务方面的一次重要升级。另外，该智能客服系统通过人工智能和自然语言处理技术，能自动分类和识别客户咨询的问题，提供准确、及时的自动回复和解决方案。这个系统的推出，极大提升了客户服务效率，降低了运营成本，改善了客户体验。

此外，传统投资顾问服务受限于人力资源，无法满足所有客户的个性化需求，金融行业在数智化转型的过程中推出了智能投顾这一新型业务。中信银行结合数字化与智能化的发展趋势，推出了智能投顾服务，以满足不同客户的投资顾问需求。中信银行通过与金融科技公司的合作，引入成熟的人工智能技术，如机器学习、深度学习等，为智能投顾服务提供技术基础。而中信银行收集到的客户投资历史、风险承受能力、投资期限等数据，为每位客户建立详尽的投资画像，以便更好地了解客户需求。结合新技术与大数据，中信银行根据每位客户的投资画像，提供与之匹配的个性化投资建议和资产配置方案，确保每位客户都能获得符合自身需求的投资服务。中信银行智能投顾在推出之后取得了较为显著的成果。截至2020年12月31日，中信银行“信智投”投顾累计服务客户45625人，97.9%的“信智投”持仓客户实现盈利，客户累计盈利总额达1.15亿元。

在金融后台领域中，智能风控技术是近年来随着大数据、人工智能等技术的迅猛发展而逐渐崭露头角的新型风险控制手段。该技术融合了大数据和人工智能的先进理念，通过对海量用户行为数据进行深度分析和挖掘，实现了对用户行为的有效监控和精准预测，进而能够及时发现和预防潜在的风险行为。

智能风控技术在中国金融领域的应用历史可以追溯到大约2015年，自此，一些前沿的金融科技公司开始积极探索将大数据和人工智能技术应用于风险控制。随着相关技术的不断进步和应用范围的持续拓宽，智能风控迅速崛起并成为金融行业的重要支柱。目前，该技术已经广泛渗透到银行业、保险业和证券业等各个金融领域。在银行业中，主要应用于信贷风险管理、反欺诈和反洗钱；在保险业中，主要应用于风险评估、核保和理赔；在证券业中，则主要应用于交易风险控制和异常交易监控。

相较于传统的风险控制方法，智能风控技术具有显著的优势。首先，它具备出色的大数据分析能力，可以对海量数据进行全面而深入的分析和挖掘，从而揭示出用户行为背后的深层规律和市场趋势，帮助金融机构及时发现和预防潜在的风险。其次，智能风控技术通过实时监控和预测用户行为，能够显著提高风险控制的效率和准确性。最后，该技术借助自动化和智能化的先进手段，能够更高效地监控和预测用户行为，进一步优化风险控制的效果。

近年来，招商银行积极推出了一款全新的智能风控模型。该模型致力于揭露黑产作弊团伙的非法行为，精确识别“羊毛党”“黄牛党”等恶意行为，以确保企业的营销资金安全。这款模型充分依托招商银行的创新技术实力，通过对用户的行为数据和交易数据进行深入分析来及时识别和预防潜在风险。此外，招商银行还充分利用大数据和人工智能技术构建了全面的风险画像，旨在更精确地评估用户的信用风险水平。

与此同时，阿里巴巴作为中国领先的电商平台，也面临着欺诈和虚假交易等问题。为了解决这些问题，阿里巴巴同样积极运用大数据和人工智能技术构建了自己的智能风控模型。该模型对平台上的交易数据进行实时监控和深入分析，能够精确地识别出“羊毛党”“黄牛党”等恶意行为并采取相应的防范措施。这不仅有效保护了企业的营销资金安全还进一步提高了运营活动的整体效果。此外阿里巴巴还研发出了一款全球独创的防护产品，以创新的技术手段来保护企业的营销资金并提升运营活动的效果。目前，该产品已经广泛应用于金融、电商、游戏等多个行业并成功服务于超过50家银行总行、数百家互联网金融公司、数十家P2P平台以及几十家电商平台。

4.3.3 金融机构数智化的未来展望

中国金融行业的数智化是金融机构深度数字化升级的体现，其业务流程、数据存储、信息管理等核心环节都实现了深度的数字化升级。数智化代表了金融机构能够全面获取并整合不同领域、形式多样的数据，并运用先进的人工智能技术从海量数据中提炼出有价值的信息和洞察，为金融决策提供更强大、更精准的数据支持。这种数智化转型强调数字化技术与金融业务的深度融合，以及数据驱动决策的核心价值。

金融行业的数智化转型过程中，表现出三个明显的特性：技术的广泛应用、业务的不断创新与金融服务的普惠化。大数据、云计算、人工智能、区块链等技术在金融领域得到深度的应用，为金融机构提供了坚实的技术后盾。在金融科技的推动下，金融行业涌现出众多的业务创新，如数字货币、智能投顾和供应链金融等。此外，数智化技术使得金融服务更加便捷、高效，推动了金融服务的普惠化，让更多人能够享受到金融服务的便利。

在可预见的未来里，金融行业的数智化转型将会更加深入，金融机构将会更加注重数据的整合、分析和应用，以提供更加精准、智能的金融服务。同时，人工智能等技术的应用将会更加广泛，为金融机构提供更加全面、高效的支持，推动金融行业向更加智能化、高效化的方向发展。

第5章
数字金融赋能金融机构

数字金融凭借其高效、便捷和创新的特质，正在对金融服务的模式和业务流程进行重塑。在这场革命中，金融机构既面临着前所未有的机遇，也需应对巨大的挑战。为坚持与时俱进同时适应未来金融科技的各种可能走向，金融机构必须开展彻底的自我革新和升级。本节的主题是结合学术研究，探究数字金融与金融机构之间的关系，尤其是数字金融如何促进金融机构的改革，推动其服务质量得到质的飞跃，并在金融科技的浪潮下，探讨非银行金融机构与商业银行之间的竞争与合作。

一方面，数字金融技术的广泛应用正在为金融机构打造强大的后台分析能力，使风险评估、投资建议等金融服务更为精准和高效。具体来说，金融机构在数字化转型过程中，通过大数据、云计算等技术的运用，能够更深入地了解客户需求，提供更个性化的服务。另一方面，这些技术也助力金融机构构建更为完善的风险控制体系，从而有效地降低了信贷风险，提升了资产质量。

不仅如此，数字金融的发展还持续推动金融机构实现全面的业务创新。从战略布局到业务布局，再到管理优化，金融机构在数字化转型中展现出了全方位的变革。这种变革不单体现在金融产品和服务的升级上，更体现在金融机构内部运营和管理的智能化、自动化水平上。可以看到，数字化转型不仅显著降低了金融机构在搜寻、边际、交通等多方面的成本，还通过精细化管理和资源优化配置，大幅提升了运营效率和市场竞争力。

然而，数字金融的崛起也带来了一系列挑战。非银行金融机构的快速发展和金融科技公司的不断创新突破，正在酝酿着对传统银行业的巨大冲击。面对这一变革，传统银行不仅需要应对市场份额的缩减和盈利模式的转变，更迫切需要重新审视数字化时代下自身的定位和发展路径。

在此背景下，探讨数字金融与金融机构之间的关系及其影响显得尤为重要。一方面，我们需要深入了解数字金融如何赋能金融机构，提升其服务效率和质量；另一方面，我们也需要关注数字金融对传统银行业务模式、风险管理等方面造成的挑战和影响。通过全面、深入地研究这一领域，我们可以为金融机构在数字化时代的转型和发展提供有价值的参考和建议。面对金融科技的巨大冲击，金融机构必须紧跟时代步伐，加速自身的转型升级。这不仅对传统的银行业提出了新的挑战，对于非银行类的金融机构来说也同样如此。鉴于金融机构在我国经济体系中所处的核心地位，以及数字金融所带来的深远且复杂的影响，这一议题在近年来引发了广大学者的浓厚兴趣，并成为深入研究的焦点。

本章将对数字金融与金融机构之间的关系进行深入探讨，通过总结经济金融学术领域的研究发现，详细分析数字金融推动金融机构的改革，并显著提升其服务质量的作用机制。此外，本章还将深入讨论金融科技浪潮下非银行金融机构与商业银行之间的竞争与合作关系。最后，基于这些研究的主要发现，本书将提出相应的政策建议，旨在帮助金融机构更好地应对未来的挑战和机遇。

5.1　数字金融提升金融机构服务质量

数字金融，以其高效、便捷和创新的特点，正在金融领域掀起一场变革的浪潮。其迅猛的发展速度为金融服务带来了前所未有的数字化进程，使用户能够体验到更加优质的金融服务。目前，众多金融机构已经纷纷采纳了各种金融科技，实现了在产品开发、服务模式、风险管理等多个层面的深刻转型。

在支付领域，数字金融的影响力尤为显著。随着移动支付和电子支付的迅速普及，消费者现在只需一部手机，就可以轻松完成在线支付和转账操作。与传统的纸币和信用卡相比，这种支付方式不仅更加便捷，而且安全性也得到了显著的提升。此外，金融科技还推动着金融机构的业务创新。例如，P2P借贷平台、众筹平台以及数字货币交易所等新兴业务模式，都是借助金融科技的力量得以实现。这些平台有效地整合了各方资源，并运用了智能算法，为小微企业和个人开辟了更多的融资渠道，从而推进了金融的包容性和经济的持续发展。

不仅如此，人工智能、大数据和区块链等先进技术也在金融机构中得到了广泛应用。它们为金融机构带来了更强大的后台分析能力，帮助金融机构在风险评估、投资建议和智能客服等方面实现了巨大的效率提升和用户体验改善。具体来说，金融机构能够利用人工智能算法优化内部数据管理和分析能力，实现智能化应用和多场景多业务拓展，促进传统金融机构转型升级。大数据分析使金融机构能够更好地识别风险、辅助决策，并实施更加精准的个性化营销策略。而区块链技术则彻底改变了传统的交易和结算方式，为金融机构带来了更高的交易效率和更强的交易可信性。

面对金融科技的深刻影响，金融机构必须紧跟时代步伐，加速自身的转型升级，以应对未来金融科技发展的各种可能趋势。这不仅对传统的银行业提出新的挑战，对于非银行类的金融机构来说也同样如此。考虑到金融机构在我国经济体系中所处的核心地位，以及数字金融所带来的深远且复杂的影响，这一议题在近年来引发了广大学者的浓厚兴趣，并成为深入研究的焦点。

谢绚丽和王诗卉（2022）为了更深入地探讨这个问题，特别提出了一套科学、全面的指标体系。这个体系的提出，主要是为了定量评估我国商业银行在数字化转型上的实际进展。这是一个非常重要的研究方向，因为尽管很多银行都声称自己在数字化转型上有所投入，但真正的效果如何，是否达到了预期的目标，这些都是亟待实证研究的问题。

具体而言，谢绚丽和王诗卉（2022）构建了用于评估商业银行数字化转型进度的指标体系。这个体系从战略定位、业务布局以及管理优化三个方面对银行数字化转型进行了全面、多角度的深入剖析，以期对中国商业银行的数字化程度进行详尽的定量描述。借助221家中国商业银行在2010年至2018年的详尽面板数据，谢绚丽和王诗卉（2022）不仅揭示了中国商业银行在数字化转型过程中的核心趋势和特征，还进一步实证检验了数字化转型如何影响这些银行的经营绩效和整体竞争力。

实证研究的结果发现，数字化转型战略确实可以在很大程度上提升银行的经营绩效，使银行更有能力抵御来自新兴业态的冲击，同时也能加速推动线下分支机构进行必要的变革。机制研究表明，数字化转型实际上是应用数字技术对传统生产方式、组织形式、商业模式和创新方法进行根本性的改变。这一转变不仅显著降低了搜寻、边际、交通、追踪和验证等多方面的成本，而且极大地提高了企业的运营效率和市场竞争力。通过数字化转型，企业得以与其他利益相关方进行更为直接、高效的交易。这种方式通过减少中介环节、降低信息不对称等手段，实现了市场资源的优化配置，从而提高了交易速度和顾客满意度。此外，数字化转型还使银行变得更加灵活，更能适应不断变化的市场环境和客户需求。这不仅增强了银行产品和服务的创新能力，还帮助它们开拓了新的业务领域和客户群体，进而提高了银行的整体绩效和市场竞争力。

数字金融正在以其独特的力量为金融机构注入新的活力，推动服务质量实现质的飞跃。在数字金融的浪潮下，金融机构经历了从产品开发、服务模式到风险管理的全方位转型，这一变革带来的深刻影响已经渗透到金融行业的每一个角落。数字金融的兴起不仅为消费者带来了更加便捷、安全的支付体验，比如移动支付的盛行让手机成为人们的“电子钱包”，更在推动金融机构进行业务创新方面起到了关键作用。P2P 借贷、众筹、数字货币交易等新兴业务模式的出现，突破了传统金融的局限，为小微企业和个人提供了更多元化的融资渠道，进一步增强了金融的普惠性。

综上所述，数字金融背后的技术革新，如人工智能、大数据和区块链等，正在助力金融机构打造强大的后台分析能力。这些先进技术的应用不仅提升了金融机构在风险评估、投资建议等方面的准确性和效率，还在改善用户体验方面发挥了显著作用。在这一背景下，金融机构正面临着加速转型升级的压力和机遇。谢绚丽和王诗卉（2022）的研究提供了一个科学、全面的评估框架，用以定量衡量商业银行在数字化转型方面的进展。通过深入剖析战略定位、业务布局和管理优化等多个维度，他们的研究揭示了数字化转型对提升银行经营绩效和竞争力的积极影响。这一转型不仅降低了搜寻、边际、交通等多方面的成本，提高了运营效率，还通过优化资源配置增强了市场竞争力。

数字金融将继续在金融领域发挥变革性的作用。随着技术的不断进步和应用场景的不断拓展，金融机构的平台化、数智化将呈现出更加开放化、智能化的特征。这不仅将为用户提供更加便捷、高效的金融服务，还将驱动金融行业的整体转型和升级，实现金融服务的全面优化。金融机构需要积极把握这一历史机遇，以创新为动力，不断推动数字金融业务向更高水平迈进，共同塑造金融业的美好明天。

5.2 数字普惠金融降低银行经营绩效

近年来，随着互联网金融的快速发展，非银行金融机构在金融领域的作用日益凸显。数字普惠金融指数的构建不仅为衡量非银行金融机构的发展水平提供了依据，也反映了金融科技在提升金融服务可及性和普惠性方面的积极作用（邱晗等，2018）。蚂蚁金服作为领先的金融科技公司之一，其数据涵盖了广泛的金融业务领域。通过对其数据的分析，可以深入了解非银行金融机构在数字金融领域的表现。数字普惠金融指数的构建不仅考虑了金融机构的服务范围和客户数量等传统指标，还结合了大数据、人工智能等技术手段，对金融机构的风险管理能力、服务效率等方面进行了全面评估。

商业银行作为金融体系的重要组成部分，与非银行金融机构之间存在竞争关系。这种竞争关系在数字金融领域尤为明显。数字普惠金融指数和商业银行经营指标的负相关关联性表明，随着非银行金融机构的快速发展，商业银行在数字金融领域的市场份额受到了一定程度的挤压。鉴于非银行金融机构与商业银行之间所存在的竞争关系，研究表明，数字普惠金融指数与商业银行的经营指标呈现出负相关的关联性（邱晗等，2018；顾海峰和杨立翔，2018）。

数字普惠金融的崛起已经对商业银行的信贷风险带来了显著的负面影响。邱晗等（2018）的研究，以蚂蚁金服的大数据为基础，构建了区域数字普惠金融指数，并深入探讨了数字金融如何对银行的经营风险造成负面影响。该研究指出，非银行金融机构的数字金融发展与商业银行之间存在明显的竞争态势。这种竞争态势加速了利率市场化的进程，导致银行更加倾向于依赖同业拆借等批发性资金，并增加了银行在资产端对风险较高资产的偏好。换言之，数字金融的发展加剧了银行业的竞争，使银行在资金来源上更加依赖同业拆借，同时在资产端愈发倾向于承担更高的风险。

为了更深入地了解这种影响，邱晗等（2018）采用了对金融科技发展指数进行分位数等级划分的方法，将其细分为 10 个等级。他们观察到，随着金融科技发展程度的变化，银行的负债和资产结构也进行了相应调整。具体来说，在负债方面，银行更倾向于批发性融资，如同业负债；在资产方面，银行则更愿意选择风险较高的资产。这种结构调整表明，在数字金融的冲击下，银行更倾向于高风险的资产来获取更高的收益。

然而，从收益的角度来看，尽管金融科技的蓬勃发展、银行的借贷利率并未出现走低的趋势，相反地，净息差却呈现出下降的态势。这一发现意味着金融科技的进步加剧了存款市场的竞争程度，导致银行更加偏好批发性融资和高风险资产。即使将银行经营等因素纳入考量范畴，这一结论依然具有稳健性。综上所述，数字普惠金融的发展已经对商业银行的信贷风险产生了不良影响。金融科技的发展加剧了银行业的竞争程度，使得银行在资金来源上更加依赖同业拆借等批发性资金，并且在资产端加大了对高风险资产的偏好。

除此之外，研究还显示数字金融的迅速崛起显著制约着我国股份制商业银行和城市商业银行这两类银行的基层机构实体网点的扩张（张海洋等，2022）。这一发现是基于邱晗等（2018）构建的普惠金融指数得出的。张海洋等（2022）进一步指出，地域性数字金融与当地商业银行之间存在一种竞争关系，这种竞争关系在某种程度上抑制了基层实体网点的扩张速度。与此同时，数字金融的快速发展也促使农村合作金融机构加快了转型的步伐，甚至有的机构选择退出原有的网点布局。这种趋势显示出数字金融给传统金融机构尤其是农村合作金融机构带来了巨大的冲击。然而，值得注意的是，尽管数字金融对股份制商业银行、城市商业银行，以及农村合作金融机构产生了影响，但并未对国有银行中的“六大行”产生显著影响。这些国有银行仍然保持着相对稳定的实体网点规模，侧面彰显出其在金融市场中的重要地位以及较强的抵御冲击的能力。

由此可见，面对数字金融的挑战，股份制商业银行和城市商业银行亟须采取有效的策略以适应持续变化的形势。首先，它们可以深化金融科技应用，提升数字化水平，优化线上金融服务，以更好地满足客户需求并提升机构自身竞争力。其次，可以加强与互联网金融机构的合作，拓宽业务渠道，提升服务范围和覆盖面。最后，针对农村合作金融机构的转型需求，股份制商业银行和城市商业银行可以加大对农村地区的投入，提供更多元化的金融服务，支持农村经济发展。

随着金融科技的不断发展，商业银行与非银行金融机构的外部竞争效应逐渐增强，而技术溢出效应则相对较弱。具体而言，这种效应表现为在资产端流动性创造和表外流动性创造方面，金融科技对银行的负面冲击更为显著，而在负债端流动性创造方面则没有造成显著影响（宋科等，2023）。此外，随着金融科技覆盖范围的扩大和应用深度的增加，银行的流动性创造受到抑制的现象愈发明显。然而，随着数字化程度的提升，这反而成为促进银行流动性创造的因素之一。最终，金融科技的发展通过影响银行的经营效率和风险承担间接影响银行的流动性创造。金融科技不仅降低了银行的成本效率和利润效率，同时还减少了总体违约风险、资产风险和资本短缺风险的承担情况，从而对银行的流动性创造带来了负面影响。

最后要指出的是，数字普惠金融的发展对银行的盈利水平及成长性产生了负面冲击，这种影响因地区差异和银行产权特征而有所不同（游家兴等，2023）。机制检验发现金融科技虽然会降低销售费用，但同时还会抬高营业成本与管理费用，最终导致整体业绩下滑和成长停滞。与此同时，银行也会通过开源节流、降本增效等方式予以应对。

金融科技对传统银行业务的影响是双重的。一方面，金融科技带来了新的业务模式和收入来源，如移动支付、P2P、众筹、网络银行、小微信贷等。这些新的业务模式和收入来源不仅有助于银行拓展市场，提高盈利能力，还能够帮助银行提高服务效率，降低成本。另一方面，金融科技也带来了新的挑战和风险，如互联网金融产品的兴起使商业银行的负债端脱媒，导致大量存款从传统银行搬家，对银行的经营业绩产生了负面影响。

为了应对金融科技带来的挑战和风险，传统银行需要采取一系列策略来适应这种新的形势。首先，传统银行需要积极拥抱金融科技，加大对新技术和新业务模式的研究和投入，开发出符合市场需求和自身特点的金融产品和服务。其次，传统银行需要加强与互联网企业的合作，利用互联网企业的技术和数据优势，提高自身的服务效率和风险管理水平。再次，传统银行需要强化对客户的服务质量，提高客户的满意度和黏性，增加客户的信任度和忠诚度。最后，传统银行需要加强内部管理和风险控制，提升自身的抗风险能力和竞争力。

综上所述，随着数字金融的蓬勃发展，非银行金融机构与传统银行之间的关系正在经历深刻变革。数字普惠金融指数的兴起为我们提供了衡量这一变革的重要抓手，它不仅揭示了非银行金融机构在金融领域日益增长的影响力，也反映了金融科技在提高金融服务覆盖率和可及性方面的巨大潜力。众多金融科技公司积累了大量数据，从中可以洞察非银行金融机构在数字金融领域的创新和活力。

然而，这一变革并非单向。随着非银行金融机构的壮大，商业银行在数字金融领域的市场份额受到挤压，两者之间的竞争态势日益明显。这种竞争推动了利率市场化再提速，促使银行更多地依赖批发性资金，并在资产端表现出对高风险资产的偏好。因此，金融科技的发展不仅改变了银行的负债和资产结构，还对其经营模式和风险管理产生了深远影响。

值得注意的是，数字金融的发展对不同类型的银行影响各异。对于股份制商业银行和城市商业银行而言，数字金融的崛起显著制约了其基层实体网点的扩张。与此同时，农村合作金融机构也面临着转型的压力，部分机构选择调整甚至退出原有的网点布局。相比之下，国有大型银行似乎更能抵御数字金融的冲击，保持着相对稳定的实体网点规模。

面对数字金融的挑战，传统银行需要灵活调整策略。通过深化金融科技应用、提升数字化水平、优化线上金融服务等方式，传统银行可以更好地满足客户需求，提升竞争力。与互联网金融机构的合作将为传统银行拓宽业务渠道、提升服务范围和覆盖面提供新的可能。针对农村地区的金融服务需求，传统银行可以加大投入，推动农村金融的创新与发展。

随着金融科技的不断进步，商业银行与非银行金融机构之间的竞争将更加激烈。金融科技的发展通过影响银行的经营效率和风险承担对银行的流动性创造产生复杂影响，这既带来机遇也带来挑战。在这一背景下，传统银行需要不断适应和创新，以应对日益复杂的市场环境。随着各类技术的不断创新和应用场景的拓展，数字金融将为金融机构提供更加智能化、个性化的服务，同时也将对金融行业的监管和风险管理提出更高要求。传统银行和非银行金融机构需要在竞争中寻求合作，共同推动金融行业的健康、可持续发展。

5.3 银行数字化转型改善银行经营绩效

前文表明非银行金融机构与银行主要呈现竞争关系，而学者们基于非银行金融机构构建的数字普惠金融指数的研究发现，数字普惠金融发展会负向影响商业银行的经营。然而，倘若数字金融指数是根据商业银行自身的金融科技发展水平来构建的，那么该指数则能够体现银行在数字技术进展和管理方式变革方面的成果。因此，从理论角度，基于银行自身数字化转型程度构建的数字金融发展指标，与商业银行的经营相关指标应该呈现出正向的关联性。

首先，商业银行运用金融科技可以直接降低信贷风险并提升经营绩效，这一观点已得到证实。郭晔等（2022）的研究通过手工搜集了2005—2019年323家商业银行与科技企业战略合作的数据，运用GMM实证模型进行了分析。研究结果表明，商业银行利用大数据、云计算等技术，将线上和线下数据相结合，构建了全面的风险控制体系。该体系能够完善客户的个性化画像，提供更精准的服务。其次，银行还建立了智能化风险决策引擎，并加强了动态风险管理和贷后预警机制。这些举措使得银行能够实时监控交易风险，进而有效降低了银行的信贷风险。

研究还发现，通过布局金融科技，银行可以降低信贷风险水平、提供普惠金融服务、增强运营管理能力并拓展中间业务，从而提高经营绩效。异质性分析表明，对于全国性银行而言，发展金融科技有助于降低信贷风险水平；而对于资本充足率较低的银行来说，更能够通过金融科技的布局来降低信贷风险。此外，对于信用贷款比重较高的银行而言，发展金融科技对于降低信贷风险和提高经营绩效的效果更为显著。

综上所述，数字金融指数作为衡量商业银行金融科技发展水平的指标，与银行的经营绩效和风险控制能力密切相关。金融科技的发展不仅完善了银行的风险控制体系，使其能够提供更精准的服务并降低信贷风险，还促进了银行在运营管理、中间业务拓展等方面的创新与发展。因此，银行应该积极布局金融科技领域，充分利用数字技术带来的优势，提升自身的竞争力和可持续发展能力。

商业银行金融科技的发展在增强金融服务包容性的同时，也显著提升了银行的营利性。李建军和姜世超（2021）的研究为本书提供了深入的洞察。他们创新性地从渠道覆盖度、产品使用度、业务支持度三个维度，构建了包含 11 个指标的金融科技指数，以此衡量商业银行的金融科技发展水平，并系统地检验了该指数对银行经营绩效的提升作用。

上述研究结果显示，随着时间的推移，银行金融科技的发展对银行净利润和经济增加值的影响呈现出逐年增强的趋势。更为值得一提的是，这种影响在两年后开始对总成本、风险成本和财务成本产生显著影响，回归系数由正变负，这意味着金融科技的应用能够降低银行的成本负担，从而提升其经济效益。

研究还发现，金融科技对于成本收入比的压降程度在两年后显著增强。这一变化符合边际成本递减的经济规律，表明金融科技的应用在银行运营中起到了优化成本结构、提升运营效率的重要作用。

此外，其研究还发现，银行金融科技指数对个人存款、农户存款、信用卡业务、个人贷款、个人住房贷款、农户小额贷款等指标的回归结果均呈现显著正向关系。这意味着金融科技的发展不仅扩大了存贷款的整体规模，也拓展了银行的业务增长空间，为银行带来了更大的业务增长和新的发展机遇。这也进一步印证了金融科技的发展对于提升银行经营绩效、增强其竞争力的重要作用。

商业银行的数字化转型还促使商业银行减少了劳动力的雇佣总量，但同时增加了对硕士及以上学历的员工的需求。余明桂等（2022）结合商业银行数字化转型指标与银行劳动力数据，检验了商业银行数字化转型对其劳动力需求的创造与破坏效应。银行数字化转型对劳动力需求的影响深远。总体上，这种转型趋势导致银行的劳动力需求呈现减少态势。详细来说，当数字化转型指数上升一个单位标准差时，劳动力雇佣量会减少0.792%。这背后的原因可能与银行在数字化转型过程中业务模式的革新、流程优化及新型金融科技的引入有关。

从劳动力结构的角度来看，数字化转型还对银行员工的需求结构造成了显著的影响。该文章的研究发现，银行对持有本科及以下学历的员工的需求因数字化转型而降低，但对拥有硕士及以上学历的员工的需求却有所上升。这清晰地显示出数字化转型正在驱动银行人力资本的升级，即银行更需要那些拥有高学历和技能的员工来适应和应对数字化转型带来的各种挑战。

研究还发现，在数字化转型的过程中，银行对业务人员的需求呈现出下降趋势，而对技术人员的需求则呈现出上升趋势。这进一步表明，在银行的数字化转型中，技术人员所扮演的角色越发重要，而业务和技术这两大领域的用工需求结构发生了转变。

进一步的机制检验显示，银行在推进数字化转型的过程中，通过缩减物理网点和分支机构从而降低劳动力需求。这意味着，随着数字化转型的深入推进，传统的银行网点正在逐渐丧失其重要性，而线上业务和数字化服务的需求正在不断增加。因此，银行必须优化其网点布局，降低对传统网点的依赖，以便更好地适应数字化转型的需要。

余明桂等（2022）研究还发现，银行数字化转型所带来的就业破坏效应主要是由组织调整维度的数字化转型引起的。换言之，银行在数字化转型的过程中，需要积极地进行组织架构调整、业务流程优化，以及员工技能提升等方面的工作，以应对数字化转型带来的各种挑战。

总体而言，银行数字化转型对银行绩效的改善作用已经得到了广泛的研究和证实。随着金融科技的不断发展，银行在数字技术和管理方式上的变革与创新，不仅改变了其传统的经营模式，还显著提升了银行的经营绩效和风险控制能力。

首先，金融科技的应用使得银行能够构建全面的风险控制体系，降低信贷风险。通过大数据、云计算等技术的运用，银行能够结合线上和线下数据，完善客户画像，提供更精准的服务。同时，智能化风险决策引擎的建立和动态风险管理、贷后预警机制的加强，使得交易风险控制能够实时进行，有效降低了银行的信贷风险。

其次，金融科技的发展也提升了银行的营利性。通过布局金融科技，银行能够降低信贷风险水平、提供普惠金融服务、增强运营管理能力并拓展中间业务，从而提高经营绩效。对于全国性银行和资本充足率较低的银行而言，发展金融科技对降低信贷风险和提高经营绩效的效果更为显著。

最后，银行数字化转型还改变了银行的劳动力需求结构。数字化转型减少了银行对劳动力的雇佣总量，但增加了对硕士及以上学历的员工的需求。这意味着银行在数字化转型过程中更注重员工的学历和技能水平，对高素质人才的需求增加。同时，技术人员在银行中的地位也逐渐上升，显示出银行对技术和业务两大领域的用工需求正在发生转变。

结合学者们的研究及其政策分析，本书总结出以下三条政策建议。

第一，深化数字金融监管，保障创新与合规。在数字金融高歌猛进的当下，政府宜秉持开放心态，鼓励创新，确保合规。为此，应构建更为缜密的监管体系，以保障数字金融机构稳健运行、风险可控。要运用尖端技术，如人工智能、大数据分析等，对数字金融平台实施动态监测，强化反欺诈机制，使数字金融的繁荣与商业银行的稳健彼此促进、协调发展。同时，提供专项技术支持和培训体系，助力银行机构深入理解、妥善遵守数字金融监管政策。通过搭建沟通桥梁，推动政府与业界深度合作，共同为数字金融行业的规范化、可持续发展保驾护航。

第二，加速金融机构数字化转型，引领行业变革。面对数字经济浪潮，商业银行务必主动求变，加快数字化转型步伐。政府在此过程中应发挥引领作用，提供政策帮扶。如可设立专项资金，支持银行机构引进尖端技术和系统，提升数字化转型的效率和成果。此外，加强与科研机构、高校及行业协会等的联动，推动金融科技创新和人才培养。促进产学研深度融合，拉近金融与科技领域的距离，并肩推进数字化转型目标实现。这将助力银行机构优化业务流程、改善客户体验，不断满足人民群众对金融服务的新期待。

第三，倡导金融机构间合作共赢，构建金融生态。在数字金融时代，商业银行与非银行金融机构不再局限于传统竞争关系，而应寻求优势互补、携手共进。政府应出台政策鼓励银行机构与非银行金融机构开展合作项目，通过资源共享、技术交流，共同打造多元化、综合化的金融生态。同时，推动银行与科技公司、互联网企业跨界合作，加快金融科技创新和跨行业融合发展。通过构建开放合作框架和共享数据平台，不仅可以提升金融服务效率和质量，还能强化金融风险防范与控制，为金融体系稳定和可持续发展注入强劲动力。

第6章
数字金融促进企业发展

金融科技和数字金融的迅速发展，使它们在企业融资领域中发挥的作用日益显著。从理论角度，数字金融可以通过先进的技术手段和大数据分析方法，降低银企间的信息不对称性，使银行能更全面地了解企业的真实经营状况。这不仅增强了银行的授信信心，还拓宽了企业的融资渠道。数字金融还优化了审批流程，传统的融资模式通常需要企业提交大量的纸质材料，而数字金融实现了线上审批，大大提高了审批效率。此外，数字金融还降低了融资成本，通过智能合约、区块链等技术降低了中间环节的费用。最后，数字金融拓展了金融服务的覆盖范围，使更多的中小企业和偏远地区的企业都能享受到金融服务。

然而，关于数字金融是否真正的降低了企业的融资约束，进而助力企业高质量发展？这一问题仍待学者们进行翔实的研究。此外，数字金融对企业的影响，可能在不同类型企业之间表现出巨大的差异性，这一问题同样需要学者们进行详尽的分析。例如，对于大型企业，数字金融可能更多地体现在优化审批流程和降低融资成本上；而对于中小企业，数字金融在降低信息不对称性和扩大金融服务范围上的作用更为显著。为了充分发挥数字金融的潜力以推动整体企业融资环境的改善，研究者需要综合考虑各种因素，包括企业的规模、行业特性、融资需求以及风险状况等。

此外，政策制定者也需要密切关注数字金融的发展趋势，适时调整政策导向，以促进其健康、可持续的发展。因此，本章节将回顾近年来关于数字金融与企业经营关联的学术研究，并结合现有研究成果提出可行的政策建议。本书将在后续3个小节里分别介绍数字金融对于企业融资、创新与高质量发展的影响。

6.1 数字金融缓解企业融资约束

随着金融科技与数字金融的蓬勃发展，它们已经在解决企业融资难的问题中发挥了至关重要的作用。数字金融通过一系列的方式，包括降低信息的不对称性、优化审批流程、降低融资成本，以及扩大金融服务的覆盖范围，显著改善了企业的融资环境。然而，数字金融对不同类型企业融资的影响表现出显著的差异性。为全面推动企业融资环境的改善，学者对数字金融与企业融资的关联进行了深入且综合的分析。

一方面，数字金融在降低银行与企业间的信息不对称上起到了关键的作用。如同 Huang 等（2018）的研究所示，金融科技企业如蚂蚁金服在审批借款时，不仅依据传统的财务信息，更引入了非财务信息作为审贷的辅助手段，从而有效地降低了信息不对称性，提高了金融服务的精准性和效率。另一方面，数字金融的兴起加速了信贷审批的速度，减轻了融资负担并降低了成本。具体来说，Fuster 等（2019）的研究发现，在美国的住房信贷市场，金融科技的应用使贷款审批效率提高了 20%，而且并未增加违约的风险。这一发现进一步凸显了数字金融在优化融资过程中发挥的重要作用。

实际上，在金融领域，中小企业一直面临着融资难、融资贵的困境。传统信贷模式对财务数据、抵押资产等要求较高，使许多中小企业无法获得充足融资。然而，大科技信贷这一新型信贷模式的出现，为破解这一难题提供了新的思路。黄益平和邱晗（2021）进一步的研究表明，中国大科技信贷技术的发展在缓解中小企业融资难的问题方面取得了良好的效果。其研究的实证分析表明，在中小企业贷款领域，大科技信贷的信用风险管理框架具有显著优势，并对其作用机制和政策建议进行了深入探讨。

由于大科技信贷以大数据、人工智能等技术为基础，通过挖掘企业交易数据、信用记录等非财务信息，实现对中小企业融资需求的精准评估。该模式降低了对传统信贷审批材料的依赖，提高了贷款审批效率，使更多中小企业能够获得及时、充足的融资支持。黄益平和邱晗（2021）通过对大科技信贷模式的深入剖析，发现其信用风险管理框架具有以下优势：一是数据来源广泛，可从多维度评估企业信用风险；二是运用机器学习等技术，实现自动化、精准化的风险评估；三是动态调整信用评级，及时反映企业信用状况；四是优化贷款定价机制，降低中小企业融资成本。

在作用机制方面，黄益平和邱晗（2021）发现大科技信贷通过以下途径为中小企业提供融资支持：一是拓展融资渠道，增加中小企业获得贷款的机会；二是降低融资成本，减轻中小企业的财务负担；三是提高贷款可及性，满足中小企业多样化的融资需求。总的来说，大科技信贷作为一种破解中小企业融资难题的新型信贷模式，具备显著的优势和广阔的应用前景。通过充分发挥其作用机制，有助于优化中小企业融资环境，促进实体经济的发展。

然而，尽管数字金融在降低信息不对称上具有诸多优点，但必须意识到它对不同类型企业融资的影响具有差异性。为了充分发挥数字金融的潜力，以推动整体企业融资环境的改善，研究者需要综合考虑各种因素，包括企业的规模、行业特性、融资需求以及风险状况等。同时，政策制定者也需要密切关注数字金融的发展趋势，适时调整政策导向，以促进其健康、可持续的发展。

银行的数字金融发展不仅能够引领技术创新，还可以有效缓解企业面临的短债长用问题。基于中国商业银行在 2010 年至 2020 年申请的金融科技专利数据，李逸飞等（2022）的研究证实了这一点。他们的研究结果显示，随着银行金融科技水平的提高，企业的短期债务长期使用问题得到有效缓解。具体而言，每当银行的金融科技水平提高一个标准差，企业的短债长用水平就会降低 2.68%。

进一步的研究还揭示了银行金融科技发展对企业信贷配置的影响机制。随着银行金融科技水平的提升，银行在信息甄别能力方面的增强成为改变信贷供给与需求行为的关键因素。在供给方面，金融科技帮助银行更准确地识别出具有增长潜力的企业，降低了不良贷款风险，使长期贷款变得更加安全和有利可图。在需求方面，金融科技扩大了企业的信贷规模，减轻了它们在融资上的限制。此外，它还减少了长期贷款的期限溢价和监督成本，使企业的信贷期限结构更加合理。

银行的数字金融发展促使企业从依赖抵押贷款转向信用贷款，从而缓解了传统金融对民营企业的偏见，更好地满足了成长型企业对长期融资的需求。通过这种方式，银行的数字金融发展不仅为企业提供了更多的融资选择，还有助于优化信贷配置，推动经济更稳健、更持久的发展。

不仅大科技平台的数字金融技术的发展有效缓解了中小企业的融资约束，而且商业银行的数字转型同样发挥着增加中小企业贷款的作用。赵家琪等（2023）发现，商业银行的数字化转型通过多种方式对小微企业信贷产生显著的积极影响。在数字化转型过程中，银行利用数据分析和模型预测等技术手段，可以更准确地评估小微企业的信用状况和还款能力，从而为这些企业提供更多的信贷支持。

研究还发现，认知转型和组织转型对小微企业信贷的影响尤为显著。具有高认知转型的银行更能适应数字化转型带来的变化，并能更好地利用数字技术提高信贷审批效率和风险管理水平。组织转型领先的银行则更善于协调各部门之间的沟通和协作，确保小微企业信贷业务的顺畅进行。此外，数字化转型对提高银行的成本效率有显著的积极影响。通过数字化转型，银行可以优化业务流程、降低运营成本、提高工作效率，从而为小微企业提供更优惠的贷款利率和更快速的服务响应。同时，数字化转型还能充分利用数字金融基础设施的红利，为小微企业提供更为便捷、高效的金融服务。

总体而言，商业银行的数字化转型主要通过降低信息不对称、提高服务效率和降低运营成本，成功实现了缓解小微企业融资约束的目的。具体地，数字化转型通过数据分析和模型预测等手段，更准确地评估小微企业的信用状况和还款能力，从而降低银行与小微企业之间的信息不对称。同时，数字化转型可以优化银行业务流程，提高服务效率，为小微企业提供了更快速、更便捷的金融服务。数字化转型通过数据分析和模型预测等手段，降低了银行的运营成本，从而能为小微企业提供更有竞争力的贷款利率和更快速的服务响应。

尽管数字金融在整体上对缓解企业融资约束起到了积极作用，但值得注意的是，其在不同类型企业融资（如国有企业与民营企业）方面的影响仍存在着显著的异质性。这种异质性不仅表现在融资机会上，还体现在融资成本和融资结构上。在互联网融资平台上，数字金融的发展似乎更有助于国有企业的融资，这可能与国有企业的信誉和背景有关，使其更受金融机构的青睐。

王可和周亚拿（2023）以支付宝等互联网金融机构为研究对象，深入探讨了我国上市公司的债务融资受大型综合性互联网金融超市的影响情况。他们的研究发现，尽管在支付宝财富平台上货币基金产品交易整体上对企业贷款没有影响，但却增加了国有企业获取贷款的机会。这一发现表明，数字金融平台可能为国有企业提供了更多的融资渠道和机会，而非国有企业可能由于种种原因未能充分利用这些机会。

此外，他们的研究还表明，增加的基金理财产品交易总体上减少了我国上市公司从银行获取的贷款，然而这种影响主要体现在非国有企业中。这可能是因为非国有企业在面临数字金融平台的竞争时，传统银行贷款渠道受到了一定的冲击。另外，尽管通过支付宝财富平台进行的金融产品交易为国有企业提供了更多的商业信用，但未能有效地弥补非国有企业因互联网金融超市冲击而导致的融资缺口。

综上所述，数字金融通过降低信息的不对称性、优化审批流程、降低融资成本，以及扩大金融服务的覆盖范围，显著改善了企业的融资环境，并对传统金融业态带来深刻的变革。然而，这种变革并非均衡作用于所有企业，数字金融对不同类型企业融资的影响具有显著的差异性。

在数字金融的助力下，银行与企业间的信息不对称问题得到了有效缓解。通过运用大数据分析、机器学习等技术，金融机构能更准确地评估企业的信用状况和还款能力，从而提高了贷款审批的效率和精准性。此外，数字金融加速了信贷审批的速度，减轻了企业的融资负担并降低了融资成本。

对于中小企业而言，数字金融的发展为其融资难、融资贵的问题提供了新的解决途径。大科技信贷等新型信贷模式的出现，借助大数据、人工智能等技术手段，从多维度评估企业信用风险，降低了对传统信贷审批材料的依赖，提高了贷款审批效率，使更多中小企业获得及时、充足的融资支持。同时，商业银行的数字化转型也通过认知转型和组织转型，使银行能更好地适应数字化转型带来的变化，提高成本效率，并为小微企业提供更为便捷、高效的金融服务。

然而，数字金融对不同类型企业融资的影响具有差异性。虽然数字金融整体上对缓解企业融资约束起到了积极作用，但对比国有企业与民营企业，其影响表现出显著的异质性。同时，在互联网融资平台上，数字金融的发展主要提升了国有企业的融资机会，这可能与国有企业的信誉和背景有关。

数字金融在助力企业融资方面仍有巨大的发展潜力。随着技术的不断创新和应用场景的拓展，数字金融将为金融机构提供更加智能化、个性化的服务，同时也将对金融行业的监管和风险管理提出更高要求。为充分发挥数字金融的潜力，推动整体企业融资环境的改善，研究者需要综合考虑各种因素，包括企业的规模、行业特性、融资需求以及风险状况等。政策制定者也需要密切关注数字金融的发展趋势，适时调整政策导向，以促进其健康、可持续的发展。同时，金融机构应积极探索与科技的深度融合，提升自身的数字化能力和服务水平，更好地满足企业多样化的融资需求。此外，还需要关注数字金融在不同类型企业间的差异性影响，以确保其具备普惠性和公平性。

6.2 数字金融促进企业创新

在上一小节中，本书总结了学者们对于数字金融如何缓解企业融资约束的理论和实证研究。研究结果显示，数字金融的发展在整体上减少了企业的融资约束。基于此观察结论，一个值得深入探讨的问题是，那些得到融资缓解的企业是否能够更好地进行创新？实际上，现有研究已经证实，数字金融的发展对企业创新具有积极的促进作用。

首先，数字金融对企业技术创新和专利数量的增加起到了显著的推动作用。这主要归功于数字金融的发展能够纠正传统金融中资源错配问题，缓解企业的融资难题，为企业的技术创新提供有力支持。其次，数字金融对创业活跃度也产生了积极的影响。随着数字金融的发展程度不断提高，不单地区内的创业数量增加，创业增速也相应加快。

数字金融通过多种途径促进企业创新。一方面，数字金融依托先进的技术手段和数据分析方法，能够更加准确地评估企业的信用状况和还款能力，从而为企业提供更多、更便捷的信贷支持。这不仅有助于解决企业融资难题，还为企业进行技术创新提供了资金保障。另一方面，数字金融的发展也使金融市场更加活跃，金融产品不断创新和丰富，为企业提供了更多元化的融资渠道和投资选择。在有助于降低企业的融资成本的同时，进一步提高了企业的营利能力和市场竞争力。

此外，数字金融还通过促进信息共享和知识交流来推动企业创新。在数字化时代，信息已经成为一种重要的生产要素，而数字金融在信息共享和知识交流方面具有天然的优势。通过大数据分析、云计算等技术手段，数字金融能够快速获取和分析大量信息，帮助企业把握市场机遇、了解行业动态和技术发展趋势。这不但支持企业作出更加明智的决策，还能推动技术创新和产品升级。

具体地，从企业专利视角出发，唐松等（2020）的研究证实了数字金融对沪深两市的上市企业创新具有显著的正向促进作用。他们的研究显示，数字金融的快速发展在企业技术创新领域产生了显著的结构性驱动效应，且这一效应在较长的时间序列内表现出稳健性。值得特别关注的是，数字金融的深入发展有效地解决了传统金融中的属性错配、领域错配和阶段错配的问题，从而为企业技术创新提供了更加有利的环境。

研究还发现，在金融发展相对滞后的地区，数字金融对企业技术创新的推动作用更为显著，这凸显了数字金融的普惠性特征。通过机制分析，研究发现数字金融发展能够解决企业面临的融资难题，降低融资成本，并推动企业改善负债状况并稳定财务状况，从而为企业技术创新提供有力支持，驱动创新产出的增加。

另外，该研究还强调了在数字金融提升企业创新动力的这一过程中，有效的金融监管发挥着极其重要的作用。只有在合理的金融监管框架下，深度发展的数字金融才能更好地促进微观主体的创新活动。因此，为了充分发挥数字金融对企业创新的促进作用，需要建立健全的金融监管体系，确保数字金融的健康蓬勃发展。

数字金融不仅对主板上市的企业具备提振创新的作用，在不同视角下，李春涛等（2020）发现该效应对于中国新三板的中小上市公司同样存在。不同于唐松等（2020）对于数字金融指标的构建，李春涛等（2020）基于搜索指数的方法，用百度新闻高级检索收集金融科技相关的页面数来衡量地区金融科技发展水平。研究发现，金融科技的发展对于企业创新起到了显著的推动作用。具体而言，该研究通过评估各地区金融科技的发展水平，发现城市的金融科技发展水平每提高 1%，当地企业的专利申请数量平均会增加约 0.17 项。这一结果具有显著的经济意义，并且通过使用不同的回归模型进行稳健性检验，进一步支持了这一结论。

李春涛等（2020）的研究表明，金融科技促进企业创新的作用机制主要表现在以下两个方面。首先，金融科技的发展降低了企业的融资成本，缓解了融资约束，从而为企业创新提供了更多的资金支持。其次，金融科技的发展还提高了税收返还的创新效应，进一步促进了企业创新。这些机制共同作用，为企业提供了更充足的资金支持和相关政策激励，从而推动了企业的发展和创新能力的提升。此外，金融科技的发展还为企业带来了更加便捷的融资渠道和多元化的融资方式，故而降低了企业的融资难度和成本。同时，金融科技的发展也促进了信息的透明度和传递速度，提高了企业与投资者之间的信息交流效率，从而为企业融资提供了更多的机会和支持。

总之，金融科技的发展对于企业创新起到了积极的推动作用。其在缓解企业的融资约束、提高税收返还的创新效应，以及提供更加便捷的融资渠道和多元化的融资方式的同时，通过上述各种机制的协同作用，进一步促进了企业的发展和创新能力的提升。

此外，数字金融还对创业活动起到了显著的推动作用。根据谢绚丽等（2018）的研究，数字金融的发展与企业创业活跃度之间呈现出明显的正相关关系。在数字金融更为发达的地区，企业注册数量呈现出明显的增长趋势，且创业增速也相对较快。这一现象可以归因于数字金融在覆盖范围、使用深度，以及数字支持服务方面的优势，这些因素共同为企业创业活动提供了有力支持。

具体而言，当某一地区数字金融的用户基础广泛、支付系统成熟、保险体系完备以及信贷机制有效时，该地区的居民从事创业活动的意愿和可能性都会相应提升。进一步的研究显示，即便在考虑时间滞后和工具变量的影响后，数字金融对创业的推动作用依然显著和稳定。

特别值得关注的是，在城镇化程度相对较低的地区，数字金融对创业的促进作用表现得更为明显。这一结论意味着数字金融不仅可以推动发达地区的创业活动，更能为欠发达地区的经济发展注入新的活力。

谢绚丽等（2018）研究还发现，数字金融主要对小微企业的新增数量产生正向影响，而对大中型企业的影响则不显著。这不仅进一步表明在推动创业方面，数字金融主要惠及的是小微企业，还更好地印证了数字金融具备的普惠性质。最后，该研究还证实了数字金融与创新之间存在明显的正相关关系，这意味着数字金融可能是通过提升创新能力从而间接推动创业活动。总体来说，数字金融不仅直接促进了创业活动，还有助于缩小地区间的发展差距，并在一定程度上缓解了小微企业的融资难题。

结合上述研究，可以发现，数字金融的兴起对企业创新的影响这一议题正逐渐受到广泛关注。这些研究共同表明，数字金融的发展显著促进了企业创新，并在多个层面展现出积极的效果。

首先，数字金融依托先进的数据分析技术，为企业提供了更加精准、高效的金融服务，有效缓解了传统金融中的资源错配问题。在降低了企业的融资成本的同时，还为企业技术创新提供了资金支持。数字金融的发展也丰富了金融市场的产品种类和服务模式，为企业提供了更多元化的融资渠道和投资选择，进一步推动了企业的创新活动。

其次，数字金融在信息共享和知识交流方面的优势，使企业能够更快地获取市场信息和行业动态，为技术创新和产品升级提供了有力支持。这种信息交流和知识共享的便利化不仅促进了企业内部的创新，还加强了企业之间的合作与协同创新。研究发现，数字金融的发展与企业专利申请数量、创业活跃度等创新指标呈现显著正相关关系，表明数字金融在推动企业技术创新和创业活动方面发挥了积极作用。值得注意的是，特别是在金融发展相对滞后的地区，数字金融对企业创新的促进作用更加显著，凸显了其普惠性特征。

再次，数字金融在推动企业创新方面仍有巨大的发展潜力。随着技术的不断进步和应用场景的不断拓展，数字金融将为企业提供更加智能化、个性化的金融服务，进一步降低融资成本并提高融资效率。这将为企业创新提供更加有力的支持，推动技术创新和产品升级的速度和质量不断提升。

最后，数字金融的发展也将对金融监管和政策制定提出更高要求。为了充分发挥数字金融对企业创新的促进作用，需要建立健全的金融监管体系，确保数字金融的健康发展。再者，政策制定者还需要关注数字金融在不同行业和地区间的差异性影响，制定针对性的政策措施，以更好地发挥数字金融对企业创新的支持作用。

6.3 数字金融助力企业高质量发展

上述研究表明，数字金融的发展在很大程度上缓解了企业的融资约束，并能解决一部分企业所面临的资源错配的问题，从而极大地推动了企业创新。然而，一个关键的问题仍然亟待回答：企业的生产效率是否因此得到了有效的改善？

现有的研究提供了一些有趣的发现。数字金融的发展有助于防止企业走向过度金融化的错误发展方向。这种现象在许多发达国家和发展中国家都普遍存在。过度的金融化往往导致企业忽视了主营业务的发展，而过度投资于金融市场。这种倾向不仅增加了企业的经营风险，还可能引发金融市场的泡沫和不稳定。因此，数字金融的发展有助于引导企业更加理性地配置资源，避免过度金融化的风险。

更重要的是，进一步的研究还表明，数字金融的发展不仅最终能够有效地助力企业出口，还可以提高企业的全要素生产率。其中，全要素生产率是衡量企业总体效率的重要指标，包括技术进步、管理水平、劳动者素质等多方面因素。数字金融通过提供便捷的金融服务，降低了企业获取资金的成本和难度，使得企业能够更有效地配置资源，提高生产效率。

具体地，李真等（2023）基于银行金融科技的指标和上市公司的贷款数据，发现银行金融科技在减轻企业融资约束、提高企业贷款的可得性方面起到了积极的推动作用，同时也能够有效地削弱企业的风险规避动机和投资逐利动机。即金融科技通过多种方式优化了银行信贷配置的效率，有利于银行扩大信贷规模，进而缓解了企业的信贷约束。展开来说，金融科技降低了银行和企业之间的信息不对称，使银行能够更加精准地评估企业的信用状况和真实交易情况。金融科技提高了银行对企业进行信用评价和真实交易评价的能力，使银行能够更加准确地评估企业的还款能力和还款意愿。这些措施都有助于银行更加准确地识别优质企业，扩大对这些企业的信贷规模，从而缓解企业的信贷约束。

同时，金融科技还能在一定程度上降低银行对企业的资产抵押要求，提高信用贷款的比例，进而增加企业贷款的可得性。由于金融科技的引入，银行能够更加准确地评估企业的信用状况和还款能力，因此可以更加自信地提供信用贷款，从而降低了企业贷款的难度，提高了企业贷款的可得性。这也有助于缓解企业因无法提供抵押物而无法获得贷款的难题。

此外，金融科技还可以通过精准监控和管理来抑制企业通过影子银行业务获得超额利润的动机。银行可以通过金融科技手段加强对企业借款资金实际用途及流向的监控，确保资金用于企业的生产经营活动，而非用于影子银行业务或其他高风险投资活动。这有助于有效地削弱企业通过影子银行业务获得超额利润的诱因，从而降低企业的投资风险和经营风险。

综上所述，金融科技的引入对于缓解企业融资约束、增加企业贷款可得性方面具有积极作用，并且能够有效地降低企业的风险规避动机和投资逐利动机。这些发现对于更好地理解金融科技的作用和影响具有重要意义。

值得注意的是，数字金融不仅可以防止企业走上金融化的错误道路，还有效提升了企业的出口。基于中国数字普惠金融指数与中国小微企业调查数据，张铭心等（2022）研究发现数字普惠金融对小微企业的出口有着显著的推动作用。然而，这一积极作用的发挥受限于企业组织者的金融素养。数字普惠金融通过降低出口门槛、提升销售等方式，有效提升了小微企业的出口能力。但金融业务的复杂性和专业性并未因此而降低，反而对技术产品受众，特别是长尾客户的数字金融素养，提出了更高的要求。

进一步的研究表明，数字普惠金融的发展推动了普惠金融体系的构建和完善，大大拓宽了金融服务的覆盖面，提升了服务质量。数字普惠金融依托互联网与数字技术，如大数据、云计算、区块链以及人工智能等关键驱动技术，降低了获客成本与风控成本，极大提升了服务效率和服务质量。同时，这些技术的运用还提高了小微企业的信息透明度和信用评级，从而让小微企业更容易获得金融服务。

为了更好地发挥数字普惠金融对小微企业出口的促进作用，张铭心等（2022）提出政策制定者需要采取一系列措施。首先，应加强对小微企业组织者金融素养的培训和教育，提高他们对支付、信贷、保险、投资以及信用业务等金融知识的掌握程度。这将有助于他们更好地理解和利用数字普惠金融产品，从而更好地开展出口业务。其次，政策制定者还应进一步完善数字普惠金融的政策支持体系，包括加强对数字普惠金融的监管和风险控制，推动数字普惠金融的可持续发展。由此可为数字普惠金融的健康、稳定发展护航，进而更好地服务于小微企业的出口业务。

现有研究表明，数字金融的发展对上市公司的全要素生产率有着积极的推动作用。宋敏等（2021）以中国上市公司为样本，采用地级市金融科技公司数量来衡量数字金融的发展水平，进一步证实了这一观点。研究结果显示，每当金融科技发展水平提高一个单位，企业全要素生产率就会相应提高 4.6%。通过使用工具变量与双重差分模型回归进行检验，这一结论仍然成立。

具体而言，地区金融科技的发展能够通过缓解金融机构与企业之间的信息不对称问题，进而推动企业全要素生产率的提升。首先，金融科技的发展可以减少企业的融资约束，让更多企业能够获得所需的资金支持。其次，通过优化信贷资源的配置，确保这些资源更有效地流向具有创新潜力和发展前景的企业，从而提高整体的资金利用效率。这种资源配置的优化促进了企业全要素生产率的提升，使其在生产和经营方面更加高效且更具竞争力。

此外，在一些小型民营企业、缺乏竞争的行业，以及市场化进程缓慢的地区，金融科技的发展对于提高企业的全要素生产率起到了更加明显的作用。这是因为在这些地区，传统金融体系可能存在更多限制和不足，而金融科技能够填补这些空白，为企业提供更多融资机会和支持，促进创新和发展。因此，金融科技在推动这些地区的经济发展和转型升级方面扮演着重要的角色。

综上所述，金融科技的发展对于提升企业全要素生产率具有显著的推动作用。尤其在某些特定地区和行业，金融科技的重要性越发凸显。因此，我们应当给予金融科技充分的重视和支持，以促进经济的持续增长和发展。为更好地推动数字金融的发展，并确保其在推动企业高质量发展中的关键作用，结合现有研究，以下是本书总结出的五点政策建议。

为全面提升数字金融基础设施，政府需要致力于优化网络覆盖率和网络质量，以保障企业能够流畅地接入互联网并享受数字金融带来的便利。在此过程中，数据的安全性是首要考虑，因此应持续强化数据加密技术和网络安全防护，以坚实的技术基础保护企业交易数据和用户隐私。此外，为建立完善的数字身份认证体系，政府还需采取切实措施来降低企业使用数字金融服务的门槛和风险。

在推动银行业结构调整和转型升级方面，应当鼓励传统银行和金融科技公司深度合作，共同探索和开发创新型的金融产品和服务，以满足市场的多样化需求。为此，需要积极引导银行合理运用先进的人工智能、大数据和云计算等技术，以优化信贷资源的配置并提高金融服务效率。此外，还可以通过支持银行建立开放银行，实现与其他金融机构和数据提供商的数据共享，进一步提升金融服务的广度和深度。

在完善数字金融监管体系方面，需要制定与数字金融发展相适应的监管政策，旨在确保金融创新和风险防控之间达到理想的平衡。为实现这一目标，应当建立跨部门、跨行业的监管合作机制，以灵活应对数字金融的跨界特性。同时，还需加强对数字金融技术的监管和评估，确保其符合现行的相关法规和标准。此外，建议政府实施监管沙盒机制，为创新的数字金融产品和服务提供一个安全的测试环境，以确保其正式推出时的安全性和合规性。

针对如何提升企业数字金融素养的问题，建议政府和企业联合开展具有针对性的培训和宣传活动，旨在提高企业对数字金融的认知和使用意愿。为更有效地了解并解决企业在使用数字金融服务过程中遇到的问题，要逐步建立健全政府与企业间的实时沟通机制。此外，还应当大力支持行业自律组织的成立，通过推动行业内的最佳实践及相关标准制定，进一步提升企业的数字金融发展水平。

在加强国际交流与合作方面，积极参与国际组织和多边合作框架下的各类活动，与其他国家共同研究制定全球性的数字金融监管标准和规则。政府应重视、推进与其他国家在数字金融领域的发展经验和最佳实践方面的交流和分享，以促进跨国企业间的合作与创新。同时，保持对国际数字金融市场动态的密切关注，并根据需要及时调整和完善国内政策，以适应全球化趋势的发展要求。

第7章 数字金融改善居民生活

随着科技的不断进步，数字金融逐渐成为现代金融体系乃至居民生活中的重要环节。凭借其独特的优势，如便捷性、高效性和普惠性，数字金融深刻地改变了传统的金融服务模式，为居民提供了更加多元化、高效的金融渠道和投资选择。本章旨在通过回顾数字金融与居民金融服务的相关文献，深入探讨数字金融对居民借贷、投资、收入与消费等影响。

首先，现有研究表明数字金融的发展已经显著改变了家庭对于传统私人借贷的依赖模式。随着数字金融的兴起，家庭更倾向于通过数字金融平台进行借贷和投资，这不仅降低了交易成本并提高了交易效率，也使家庭能够更便捷地获取个人贷款和进行线上投资。其次，数字金融还通过助力居民创业、增进农村居民电商业务收入与多样化居民投资的方式，提升了居民收入。最后，在居民收入得到增加的基础上，数字金融还进一步促进了居民消费，助力了国内经济的大循环。具体地，本书将在后续三个小节里，分别从金融服务、收入与消费三个角度，结合现有文献，探讨数字金融对居民生活的影响。

7.1 数字金融改善居民金融服务

数字金融对居民的借贷和投资需求产生了深远影响。理论上，数字金融的兴起为居民提供了更加便捷、迅速的借贷渠道，使其更容易获取个人贷款。随着数字金融的发展，P2P网络借贷平台等新型融资渠道开始涌现，使个体能够更方便地获得贷款。与传统银行贷款相比，这些新型融资渠道通常更加灵活、快捷，能够更好地满足居民的短期融资需求。此外，数字金融也促进了银行等金融机构的线上化进程，使居民可以更加便捷地进行线上投资。例如，通过手机 App 等移动终端，居民可以随时随地进行股票、基金等金融产品的买卖。这不仅提升了投资的便利性，也有助于提高个人的理财意识和金融素养。

此外，数字金融的发展还催生了一批以提供投资建议和金融产品为主的线上平台。这些平台通过大数据分析和机器学习等技术手段，为居民提供个性化的投资建议，帮助居民更好地规划和管理自己的财务。例如，一些平台通过分析用户的消费和投资行为，为用户提供定制化的资产配置方案，从而帮助他们实现财务增长和资产保值增值。

同时，数字金融还为居民提供了更加多样化的投资机会。以往，居民的投资选择相对有限，主要集中在传统领域如银行存款、股票和房地产等。而数字金融的发展则带来了更多创新的投资工具，例如股权众筹和数字货币等。这些新型投资工具使居民能够参与更广泛的投资市场，增强了投资的多样性和灵活性。此外，数字金融还在某种程度上改变了居民的理财观念和习惯。通过有效利用在线金融服务平台和移动应用，居民能够轻松管理自己的财务状况。

总之，数字金融的兴起为居民提供了更加便捷、迅速的借贷渠道和丰富多样的投资选择，有助于提高个人的理财意识和金融素养，使居民更加主动地规划和管理自己的财务。具体而言，通过在线借贷平台和移动支付工具，居民无需繁琐的申请手续和漫长的等待时间，即可快速获得资金支持，满足紧急的资金需求。

结合大规模的问卷调查数据，学者们从实证上也检验了数字金融对于居民借贷的影响。首先，数字金融的发展已经显著改变了一直以来家庭依赖于传统私人借贷的既有模式。从供给和需求两个方面来看，这一趋势体现得尤为明显。吴雨等（2020）利用中国家庭金融调查数据，从供给与需求两个角度证实了这一观点。

首先，在供给层面，吴雨等（2020）指出数字金融的兴起为家庭提供了更多元化、高效的金融资源和渠道。随着网络借贷平台等新型金融模式的快速发展，个体能够更方便地获得贷款，而不再局限于传统的私人借贷渠道。这些数字金融平台运用大数据和云计算等先进技术手段，降低了信用评级和风险评估等成本，使得网络借贷的利率更加合理和透明。这一趋势导致传统私人借贷在整体金融市场中的份额逐渐下降。

值得一提的是，根据北京大学数字金融研究中心发布的省级层面的数字金融发展指数，吴雨等（2020）发现中国数字金融发展水平在过去几年取得了大幅提升。北京大学数字金融研究中心发布的这份省级层面数字金融发展指数显示，数字金融指数从 2011 年的 40 增加到 2017 年的 272，增长了约 6 倍。与此同时，传统私人借贷在整体金融市场中的占比从 32% 下降到 15.4%。这一数据为数字金融的发展与家庭传统私人借贷呈现出相反的趋势的观点，提供了有力证据。

为了进一步验证数字金融与家庭私人借贷之间的关联，吴雨等（2020）进行了更为深入的研究。该研究基于中国家庭金融调查数据，通过构建 Probit 与 Tobit 回归模型，在控制了家庭特征与省份特征的基础上，发现数字金融的发展显著减少了家庭进行私人借贷的可能性，并降低了借出款在家庭金融资产中所占比重。这再次证实了数字金融对家庭传统私人借贷的削弱作用。

其次，在需求层面，数字金融的发展也深刻改变了家庭的借贷需求。研究显示，数字金融的发展对传统私人借贷需求在 1% 水平上具有显著的负面影响。传统私人借贷通常受限于熟人关系和社会网络，导致借款方需要提供额外的补偿，从而增加了借贷的交往成本。然而，数字金融的普及使得网络借贷平台能够将借贷双方更便捷地连接起来，消除了地域和社交圈的限制。这些平台主要通过中介服务费等方式获利，使民间借贷更加市场化和规范化。具体而言，由于传统私人借贷主要局限于熟人之间，借款方需额外提供如帮助义务或赠品等形式的补偿，从而增加了交易成本。然而，随着数字金融的快速发展，网络借贷平台以高效便捷的方式连接了借贷双方，并通过收取合理的中介服务费实现盈利，进而使民间借贷不再受限于熟人关系。因此，基于金融科技平台的借贷逐渐替代了传统的家庭亲友间的私人借贷方式。

这种发展趋势对于优化金融市场结构、提升金融效率和推动金融行业的创新发展具有重要意义。同时，为了保障金融市场的稳定、维护用户的合法权益，政府和相关监管机构应加强对数字金融和网络借贷平台的监管和规范，确保其合规运营，有效防范风险。

因此，从供给和需求两个角度来看，数字金融的发展通过拓宽金融资源、降低借贷成本和消除社交限制等多种机制，显著降低了家庭对传统私人借贷的依赖。这一趋势对于提升金融市场效率、推动普惠金融发展和满足家庭多样化金融需求具有重要意义。同时，也为政策制定者和金融机构提供了有益的参考，以更好地满足家庭的金融需求，并推动金融行业的创新发展。

农村金融作为我国金融体系的重要组成部分，长期以来一直处于服务覆盖面低、融资成本高和资金利用效率低等的尴尬境地。而数字金融在农村地区的逐渐兴起同样助力改善了农村居民的信贷问题。傅秋子和黄益平（2018）基于中国家庭金融调查和北京大学数字普惠金融指数，采用面板数据回归方法并引入工具变量，深入研究了数字金融对农村正规金融需求的异质性影响。进一步地，该研究还细致分析了数字金融对农村金融需求的影响机制。

在评估农村金融需求时，傅秋子和黄益平（2018）采用了问卷调查方法，全面了解了农户的正规金融需求和非正规金融需求。其中，正规金融需求主要是指农户从如银行等正规金融机构获得贷款的需求，而非正规金融需求则涵盖了民间金融和亲友间的借贷等。

为了深入研究数字金融和农村金融需求之间的因果关系，该研究引入了工具变量进行分析。基于中国家庭金融调查中的数据，研究选取了农户是否拥有智能手机作为工具变量。这是因为智能手机是数字金融的主要载体之一，与数字金融的发展水平和服务普及程度密切相关。回归结果显示，一方面，随着数字金融发展水平和服务普及程度的提高，农村生产性正规信贷需求概率有所降低，特别是在拥有智能手机的群体中，这一影响更为明显。另一方面，这也增加了农村消费性正规信贷需求的概率，其中教育水平较高、有网购习惯的群体的需求增加尤为显著。

进一步的机制分析表明，数字金融对农村金融需求的影响机制主要体现在以下几个方面：首先是提升效率，通过互联网技术提高了金融服务的效率，降低了交易成本和信息不对称性，使农户能更便捷地获取金融服务。同时，数字金融的创新产品和服务模式更贴近农户的需求，进而提高了金融服务的使用率。其次是促进消费，通过提供便捷的支付和结算方式，数字金融推动了农户的消费行为。例如，农户可以通过手机支付、网上银行等渠道更加方便地进行购物、缴费等消费活动，从而刺激了其消费需求。此外，数字金融还有助于改善信用环境。通过大数据和人工智能技术，数字金融机构可以对农户的信用状况进行精准评估，建立信用档案，从而提高农户的信用意识和管理个人信用的能力。这将有助于降低金融机构的风险控制成本，提高信贷的可得性和便利性。最后，数字金融的发展还可能引导农户的市场行为。例如，通过手机银行等渠道提供的相关信息和咨询服务，农户可以更好地了解市场动态和投资机会，从而更加灵活地调整自己的生产和消费行为。

数字金融的发展不仅对居民的信贷产生了深远影响，同时也有效改善了居民的投资收益。吴雨等（2021）基于四轮中国家庭金融调查的数据，深入研究了数字金融对居民资产组合配置的影响。考虑到只有参与到金融市场的家庭才能被观察到金融投资的组合，因此不可避免地存在较大的选择性偏误。为了更为精准地研究这一影响，研究采用 Heckman 两阶段回归模型，缓解了选择性偏误。在修正了选择性偏误问题，并充分控制了居民家庭特征的基础上，吴雨等人（2021）的研究结果显示，数字金融的发展对家庭金融资产组合的有效性产生了显著的提升作用。具体来说，每当数字金融发展指数提升一个单位标准差，家庭金融资产组合的夏普比率平均提高 3.85%，索提诺比率平均增长 5.52%。这意味着随着数字金融的不断发展，家庭在承受同等风险水平下，较以往能够获得更高的投资回报，并且能在相同的下行风险下获得更多的超额收益。

总体而言，数字金融的发展对居民的借贷和投资需求产生了深远影响。通过提供更加便捷、迅速的借贷渠道和丰富多样的投资选择，数字金融有助于提高个人的理财意识和金融素养，使居民更加主动地规划和管理自己的财务。特别是对于农村地区来说，数字金融的兴起化解了服务覆盖面低、融资成本高和资金利用效率低等矛盾，助力解决了农村居民的信贷问题。此外，数字金融也加速了银行等金融机构的线上化进程，使居民可以更加便捷地进行线上投资。通过手机 App 等移动终端，居民可以随时随地进行股票、基金等金融产品的买卖。这不仅提升了投资的便利性，也有助于提高个人的理财意识和金融素养。

综上所述，数字金融的兴起为居民提供了更加便捷、迅速的借贷渠道和丰富多样的投资选择，进而提高了个人的理财意识和金融素养，使居民更加主动地规划和管理自己的财务。特别是在农村地区，数字金融的发展助力解决了农村居民的信贷问题，为农村金融市场的发展提供了新的机遇和挑战。因此，应该进一步推动数字金融的发展，提高金融服务的覆盖面和效率，以满足居民的融资需求和投资需求。

7.2 数字金融提升居民收入

数字金融的崛起对居民收入同样产生了重大的影响。总体而言，数字金融的发展为就业市场创造了新的机遇，为创业者提供了更为便捷和低成本的创业环境，以及为居民提供了更广泛的投资选择和渠道。随着数字支付、电子商务和金融科技的兴起，市场对数字金融专业人才的需求激增。这不仅为求职者提供了更多的就业岗位，还推动了薪资水平的上涨。换言之，数字金融的崛起改变了传统金融模式，为居民提供了更多的职业选择。

对于创业者而言，数字金融极大地降低了创业的初始成本和门槛。通过数字金融平台，创业者们可以轻松地进行在线销售、支付结算和融资等活动，不再受传统金融机构的限制。这极大地激发了大众的创业热情，为经济增长注入了新的活力。此外，数字金融还为居民提供了更广阔的投资空间。无论是股票、基金、债券、期货，还是外汇市场，居民都可以通过数字金融平台轻松参与，享受更高的投资收益。由此，投资的便利性和收益性都得到了显著的提高。

然而，数字金融带来的新风险和挑战也不容忽视。例如，随着数字交易的普及，信息安全和隐私泄露问题日益突出。不法分子可能会利用数字平台进行金融欺诈或盗窃，对居民的财产安全构成威胁。另外，部分居民可能由于缺乏必要的金融知识和技能，将面临更高的投资风险。

因此，在享受数字金融带来的便利和收益的同时，居民也需要提高自身的金融素养和风险意识，学会识别和防范各种金融风险。政府和相关部门也应加强监管，确保数字金融市场的健康和稳定发展，最大限度地发挥其对经济的促进作用。

值得注意的是，尽管数字金融在整体上提高了居民的收入，但其提升效应却呈现出马太效应的特点。王修华和赵亚雄（2020）通过深入分析中国劳动力动态调查和北京大学数字普惠金融指数，分别从数字金融的覆盖广度和使用深度两个角度，考察了数字金融发展中的马太效应及其作用机制。他们的研究发现，数字金融对增加收入的影响在贫困户样本和非贫困户样本之间存在显著的差异。具体来说，对于贫困户样本，数字金融对增加收入没有显著影响；而在非贫困户样本中，数字金融每提高一个单位的发展水平，非贫困户的平均收入会相应增加 0.108 万元，表明了数字金融对非贫困户收入具有明确的促进作用。这意味着随着数字金融的发展，非贫困户更容易享受到其带来的经济效益。然而，对于贫困户来说，尽管数字金融在整体上有益于居民收入的提高，但他们并没有从中获得显著的好处。

这一研究结果揭示了数字金融发展中的不平衡和不充分现象。贫困户等弱势群体在数字金融发展的大潮中仍然处于相对弱势的地位。这也提醒有关部门，在推动数字金融发展的同时，必须关注其可能带来的社会影响，努力减少金融发展的不平衡现象，确保所有人都能从数字金融的发展中受益。

王修华和赵亚雄（2020）进一步深入分析了数字金融的马太效应的产生机制。他们指出，马太效应的产生主要是由于贫困户与非贫困户之间在教育程度、健康状况和家庭资产等方面的明显差异。随着数字金融的飞速发展，非贫困户能更好地利用其教育和资产优势，通过数字金融工具降低风险、平衡消费和积累资源。这意味着他们能够更好地应对金融市场的波动，为自己和家人构建一个更加稳健的经济基础。此外，数字金融打破了由地理、条件、价格和评估等金融壁垒带来的限制，使得非贫困户可以拓宽家庭收入来源，增加财富积累的机会。

然而，对于贫困户而言，情况则大不相同。普遍来看，由于贫困户受教育程度相对较低、金融素养不足，以及缺乏可抵押资产，数字金融的发展对他们的家庭收入影响并不明显。甚至可能因为无法有效地利用这些金融工具，而导致数字鸿沟问题进一步加剧，收入差距也随之进一步扩大。除此之外，贫困户和非贫困户对数字金融的需求和使用行为也存在显著差异。根据马斯洛需求层次理论以及实证研究结果，贫困户更需要满足基本生存和发展需求。可是，当前数字金融的发展并没有显著推动这些需求得到满足。这可能是因为现有的数字金融产品并没有针对这部分人群进行设计和优化，使他们难以享受到数字金融带来的便利和好处。相比之下，非贫困户在满足基本需求的同时，还能享受数字金融带来的休闲娱乐等其他方面的好处。因此，这种资源分配的不均进一步拉大了贫富差距。

另外，贫困户和非贫困户所处的宏观环境也存在明显差异。随着数字金融的发展，非贫困户接触到的经济机会更多，能够更好地从数字金融的发展中受益。而贫困户所处的地区环境相对恶劣，往往缺乏必要的基础设施和服务支持，从而使当前的数字金融发展很难或发展动力不足，进一步加剧了贫富差距。

因此，为了减少数字金融发展中的马太效应，政府不仅需要提高贫困地区的数字金融发展水平，还需要关注那些教育程度较低的贫困户。通过提供相应的培训和支持，帮助他们提高金融素养并增加可抵押资产，使其能够更好地利用数字金融工具增加收入。此外，还应根据不同地区的发展环境制定差异化的数字金融发展策略，确保数字金融的发展能够真正惠及到每一个人，特别是那些经济和社会地位相对较低的群体。只有这样，才能逐步减少贫富差距，使经济实现更加全面和可持续的发展。

此外，数字金融对农民的收入也有提升作用。秦芳等（2022）对电子商务技术在农村居民收入提升方面的效果进行了深入评估，并详细分析了其具体的作用机制。该研究通过比较具有电商业务和无电商业务的村庄中农户的收入分布，发现具有电商业务的村庄的农户平均收入高于无电商业务的村庄，这表明电子商务技术的确对农村居民的收入产生了积极影响。为了更准确地评估这一效果，研究者在控制了家庭人口统计特征和其他相关变量后，发现具有电商业务的农村农户收入相对较高。研究结果显示，具有电商业务的农村家庭收入比无电商业务的家庭收入高出约43%，这一结果在1%的显著性水平上是统计显著的。另外，研究还发现随着电商业务的密度增加，农户的收入水平也会显著提高。

电商平台的繁荣，不仅为农户的创业行为注入了活力，更为他们搭建了一个无限可能的销售舞台。在这样的背景下，农户们不再受限于传统的销售模式，而是可以通过电商平台将自家的农产品或手工艺品推向更广阔的市场，从而开辟更多的收入来源。对于那些怀揣创业梦想并具备一定能力的农户而言，这无疑是一次难得的机会。

具体地，秦芳等（2022）的研究发现，随着电商的深化发展，农村地区的非农就业人数呈现明显的增长趋势。鉴于传统农业及其相关产业无法为农村居民提供充足的就业机会，电商的崛起无疑为他们带来了更为多元化的职业选择。农村居民不仅可以从事电商配送员、仓储管理人员等工作，还可以涉足客服、营销策划等多个领域。这种多元化的就业形态不仅有助于缓解农村的就业压力，更为当地经济的持续发展注入了新的活力。

此外，电商的迅猛崛起还为土地流转带来了更大的可能性。当农户通过电商平台开展经营活动时，他们可能会考虑为了扩大规模和提高产能而积极参与土地流转，将农田的使用权转让给企业或合作社进行大规模的农业生产。这种流转方式不仅可以实现资源的优化配置，提高农田的利用效率，还可以为农户带来稳定的租金收入，进一步拓宽其收入来源。

秦芳等（2022）研究的结果清晰地显示了农村电商业务的发展对农户收入具有积极的正向影响。这一影响的实现机制可能涉及多个因素，例如，电商业务的发展降低了农户获取市场信息的成本，使他们可以更容易进入市场并获取更高的价格；同时，电商业务也降低了农户的销售门槛，使他们能够以更低的成本销售自己的产品，从而提高了收入。此外，电商业务的发展还为农村创造了新的就业机会，如电商平台的运营、物流配送等，这些新的就业机会也为农村居民提供了增加收入的新途径。

数字金融的蓬勃发展不仅丰富了农村居民的创业形式，还为他们的收入提升开辟了新的路径。田鸽等（2023）的研究深入剖析了数字金融对创业的推动作用，以及其背后的深层机制。为了全面理解数字金融的影响，他们巧妙地将中国数字普惠金融指数与CFPS数据相结合，进行了深入的研究和分析。

首先，从支付业务的角度来看，数字金融的发展在增加个体创业，以及推动高质量创业中发挥的作用显而易见。随着支付业务的数字化，消费方式变得更加多元和便捷，极大地拓展了企业的潜在市场规模。数字支付的普及和便捷性的提升，使创业者可以更轻松地接触到更广泛且更精准的消费者群体，为他们提供符合市场需求的产品和服务，从而提升创业项目的成功率，提高商业价值。

其次，信贷业务的不断发展也对高质量创业起到了积极的推动作用。数字金融通过补充和支持传统金融业务，缓解了传统信贷约束，为企业的生产规模扩大提供了强有力的支持。传统金融机构在面对创业项目风险较高、前景不明朗的情况时，往往持保守态度。相比之下，数字金融渠道通过创新的信贷模式和评估方式，为有潜力的创业项目提供了更灵活、高效的融资途径。这种融资便利性激发了更多创业者的热情与活力，进而推动了高质量创业的发展。

总体来说，数字金融的发展不仅为农村居民提供了更多的创业机会，还极大地提升了他们的收入水平。这一现象背后的机制涉及多个方面，包括支付业务的数字化带动的市场拓展、信贷业务的发展提供的融资便利等。这些因素共同推动了农村居民的高质量创业，为他们的收入提升开辟了新的路径。

最后，数字金融的发展不仅在个体层面促进了农村居民的就业与创业，进而提升了居民收入，黄祖辉等（2023）还发现数字普惠金融对新型主体的创立起到了明显的助力作用。通过深入探索数字普惠金融与新型农业经营主体创立之间的关联，黄祖辉等（2023）基于2014—2020年中国27个省份、1845个县的详尽面板数据，运用工具变量法进行了深入的实证研究，探索了数字普惠金融在加速农业农村现代化和实现全民共同富裕的道路上起到的重要作用。

研究发现，数字普惠金融通过增加农民正规信贷的机会，直接促进了新型主体的创立。同时，数字普惠金融还通过提高农民收入和农业机械化水平，间接推动了新型主体的创立。此外，进一步的分析显示，数字金融的覆盖范围、使用深度及普惠金融的数字化程度都对新型主体的创立均具有积极影响；相较于大中型新型主体，小微型新型主体更能从数字普惠金融的发展中受益；而且，数字普惠金融对新型主体创立的影响在不同县域之间存在较大差异，在地形较平坦的县中这种影响更为明显。

机制研究表明，数字普惠金融主要通过以下几种方式促进新型主体的创立：首先，它提高了农民正规信贷的可得性，解决了创立新型主体时面临的资金问题；其次，它降低了金融交易的成本，提高了金融服务的效率；再次，它优化了农村金融市场的结构，增强了市场的竞争性；最后，它扩大了金融服务的覆盖范围，提高了农村金融服务的公平性和可及性。这些发现对于进一步理解数字普惠金融在农业领域的作用，以及如何更好地支持新型农业经营主体的创立，具有重要的实践价值。

结合上述研究，可以发现数字金融正逐渐渗透到居民日常的经济生活中，并对居民收入产生了显著的影响。数字金融的兴起不仅为就业市场带来了新的活力，还为创业者提供了便捷和低成本的创业环境，同时也为居民提供了广泛的投资选择。具体地，数字金融主要通过以下三个渠道实现了居民收入的增加。

第一，数字金融拓展了就业市场。数字金融的发展催生了新的职业岗位，如数字支付、电子商务和金融科技等领域的专业人才需求激增。这不仅为求职者提供了更多的就业机会，也推动了薪资水平的提升。

第二，数字金融降低了创业门槛。对于创业者而言，数字金融显著降低了创业的初始成本和门槛。通过数字金融平台，创业者能够便捷地进行在线销售、支付结算和融资等活动，从而更容易实现创业梦想。

第三，数字金融助力了居民投资渠道的多样化。数字金融为居民提供了更广泛的投资空间和渠道，如股票、基金、债券等市场都可以通过数字金融平台轻松参与，从而享受到更高的投资收益。

然而，值得注意的是，尽管数字金融的发展在整体上提高了居民的收入，但其提升效应呈现出马太效应的特点，即数字金融的发展可能加大了贫富差距。为此，需要政府和相关部门采取措施，确保数字金融市场的健康和稳定发展，最大限度地发挥其对经济的促进作用。

因此，尽管数字金融在提升居民收入方面已经展现出显著的效果，但其未来的发展仍面临诸多挑战和机遇。为了减少数字金融发展中的马太效应，未来的数字金融产品需要更加注重普惠性，确保所有人都能享受到数字金融带来的便利和好处。这包括为教育程度较低的群体提供必要的培训和支持，以及根据不同地区的发展环境制定差异化的数字金融发展策略。

同时，还应当注意强化风险管理。随着数字金融的深入发展，风险管理变得越来越重要。政府和金融机构需要加强对数字金融市场的监管，确保市场的稳定和健康发展。同时，居民也需要提高自身的金融素养和风险意识，学会识别和防范各种金融风险。

此外，还需要推动农村地区数字金融的发展。农村地区作为数字金融发展的重要领域，应当给予足够的关注。未来可以通过进一步推动农村电商业务的发展、优化农村金融服务体系等方式，促进农村地区的经济繁荣和居民收入的持续提升。

最后，在全球化背景下，各国在数字金融发展方面的经验和教训可以相互学习和借鉴。通过国际合作与交流，可以共同推动数字金融的健康发展，进而造福更多的民众。

综上所述，数字金融在提升居民收入方面具有巨大的潜力和广阔的前景。然而，要实现其可持续发展并最大限度地发挥其经济效益和社会效益，需要政府、金融机构、企业和民众等各方面的共同努力和合作。

7.3 数字金融促进居民消费

数字金融的兴起对居民消费产生了深远而复杂的影响。首先，数字金融的发展具有显著的促消费效应。研究发现，随着数字金融的普及和发展，居民的消费水平得到了显著提升。这一现象在农村地区、中西部地区，以及中低收入家庭中尤为明显。这可能是因为数字金融通过提供便捷的支付和信贷服务，帮助这些地区的居民更容易地获取资金，从而提高了他们的消费能力。

其次，互联网的普及为居民消费带来了极大的便利。互联网的发展缩短了居民购物的时空距离，提供了更丰富的消费选择。已有研究显示，随着互联网的普及，消费者的购物时间大大缩短，这无疑为消费者提供了更多的自由时间和消费机会。同时，互联网提供的多元化选择也让消费者能够更好地满足自己的需求，进一步刺激了消费的增长。

最后，数字金融的发展还提高了居民家庭的金融素养和风险意识。现有研究发现，数字金融的发展使居民家庭更加了解分散投资和风险管理，从而减轻了经济风险对家庭的影响。通过使用数字金融产品和服务，居民家庭能够更好地进行财富管理，提高家庭的财务稳定性，从而更好地应对经济风险。

总而言之，数字金融的发展对居民消费的影响是全方位的。它不仅直接提高了居民的消费水平，还通过互联网的发展改变了消费者的购物习惯，进一步促进了消费的增长。同时，数字金融的发展还提升了居民家庭的金融素养和风险意识，增强了家庭的风险承受能力。这些发现对于我们更好地理解数字金融对经济发展的影响，以及如何更好地利用数字金融服务于经济增长，具有重要的政策启示作用。

根据易行健和周利（2018）的研究，数字普惠金融的发展对居民消费产生了显著的促进作用。这一促进作用在农村地区、中西部地区，以及中低收入家庭中表现得尤为明显。该研究发现，数字普惠金融的发展过程中涉及的支付、保险和货币基金等子指标对居民消费起到了重要的促进作用。其原因可能在于这些子指标能够提供更加便捷的支付方式和更加丰富的金融产品选择，从而提高了居民的消费能力和消费意愿。

机制分析表明，数字普惠金融主要通过两种机制来促进居民消费：一是通过缓解流动性约束，使得消费者能够更加灵活地支配资金，从而增加消费支出；二是通过提供方便支付，使消费者能够更加便捷地进行购物和支付，从而进一步刺激消费增长。此外，研究还发现数字普惠金融对受教育程度高且认知能力强的户主的消费支出更具明显促进效应。这可能是因为这些户主对数字普惠金融的理解和使用更为深入，能够更好地利用数字普惠金融来提高自己的消费水平和财务状况。研究结果还显示，数字普惠金融的发展对中低债务收入比家庭的消费支出有积极影响，但对高债务收入比家庭的消费支出影响不显著。这可能是因为高债务收入比家庭在偿还债务方面的压力较大，因此数字普惠金融能够发挥的促进作用相对较小。

然而，数字普惠金融的发展也增加了家庭的债务收入比。因此，在积极推动数字普惠金融发展的同时，需要控制居民家庭债务的增长速度，防止债务螺旋等问题的发生。

综上所述，数字普惠金融的发展对居民消费具有显著的促进作用。在农村地区、中西部地区以及中低收入家庭中，这一促进作用表现得尤为明显。因此，我们应该积极推动数字普惠金融的发展，同时也要注意控制居民家庭债务的增长速度，以保证金融市场的稳定和持续发展。

此外，支付便利性的提升缩减了居民购物的成本，同样可以起到促进居民消费的作用。张勋等（2020）的研究分析了1998年至2017年的最终消费率的变化，并结合样本期互联网上网人数的变化情况，揭示了互联网发展与消费率增长之间的潜在联系。研究发现，互联网的快速发展与我国消费率“触底反弹”后的上升阶段紧密相关。这种关联可能源于互联网的普及和使用，让消费者能够更便捷地获取产品和服务，从而刺激了消费需求的增长。

互联网的便利性为消费者提供了更多消费选择，并缩短了购物时间，进而促进了消费的增长。此外，在线购物、移动支付等数字化消费方式的兴起，为消费者带来了更多便利和选择，进一步推动了消费的增长。实证结果显示，在控制个体和地区差异后，数字金融的发展显著提升了居民消费水平，并对经济增长产生积极助力。值得注意的是，研究发现数字金融主要通过提升支付的便利性来促进居民消费，而不是放松流动性约束。

然而，尽管数字金融的发展显著提升了农村居民收入，但农村居民消费的提升效果并不明显，这凸显了破除城乡分割的紧迫性。因此，在数字金融发展过程中，需要进一步关注农村地区的消费需求，并采取针对性措施促进农村居民的消费增长。互联网的发展和数字金融的兴起为我国消费率的增长提供了重要推动力。然而，要实现全面、均衡的消费增长，仍需关注并解决农村地区面临的消费需求问题。

数字普惠金融不仅提高了家庭间的风险分担和自我保险能力，还显著地平滑了居民家庭所面临的风险。根据王勋和王雪（2022）的研究，数字普惠金融从风险分担角度对居民消费产生了显著影响。这种金融服务带来的便利性不仅缩短了购物时间，还促进了居民的消费增长。特别是对于农村和中低收入家庭来说，他们更能感受到这种变化带来的好处。此外，数字普惠金融在增强了家庭间的风险分担和自我保险能力的同时，还有效地缓冲了家庭所面临的风险。这种影响在低收入和农村家庭中表现得尤为明显。因此，通过有效利用这种金融服务，家庭能够更好地应对突发事件，降低经济风险，减轻生活压力。

王勋和王雪（2022）的研究还指出，虽然数字普惠金融带来了很多好处，但它也可能刺激部分消费者在缺乏有效保护机制的情况下过度借贷。这不仅增加了他们的财务负担，还可能导致他们与亲友的关系紧张，甚至出现隐瞒财产或收入的情况，这无疑影响了数字普惠金融所带来的正面效应。更为重要的是，还有一部分人因为各种原因，如技术、教育或地理等限制，无法充分享受数字金融服务，这可能导致了新的数字不平等问题。为了充分发挥数字普惠金融的优势，政府还需要加强消费者保护机制，防止过度借贷，并关注那些尚未享受到数字金融服务的人群，帮助他们克服障碍，进而充分享受数字金融带来的好处。

综上所述，数字金融的崛起对居民消费产生了深刻且多元化的影响。首先，随着数字金融的普及，居民消费水平得到了显著提升，这一现象在农村、中西部及中低收入家庭中尤为显著。数字金融为这些地区和家庭提供了更便捷的支付和信贷服务，进而增强了他们的消费能力。同时，互联网的普及改变了居民先前的消费习惯，不仅能够节约大量的购物时间，还为消费者提供了更丰富的选择，进一步拉动了消费增长。

不仅如此，数字金融还提升了居民家庭的金融素养和风险意识，使他们更懂得如何分散投资和管理风险，从而增强了家庭财务的稳定性。值得注意的是，数字普惠金融作为数字金融的一个重要组成部分，同样对居民消费产生了显著的促进作用。具体来说，它通过缓解流动性约束和提供便捷支付等方式，帮助消费者更灵活地支配资金，并增加了他们的消费支出。其中，受教育程度高和认知能力强的户主更能利用数字普惠金融的优势，进一步提高自己的消费水平。

然而，数字金融的发展也带来了一些挑战。虽然它提高了家庭的债务收入比，但也可能增加了部分家庭的偿债压力。因此，在不断推动数字普惠金融发展的同时，需要谨慎控制家庭债务的增长速度，以防债务问题对金融市场造成不良影响。此外，尽管数字金融显著提升了农村居民的收入，但其对农村居民消费的提升效果并不明显。这提示我们，在数字金融的发展过程中，应更加关注农村地区的消费需求，并采取针对性措施来刺激农村居民的消费增长。

尽管数字普惠金融为家庭提供了更好的风险分担和自我保险能力，但也可能导致部分消费者过度借贷，特别是在缺乏有效的消费者保护机制的情况下。这不仅增加了消费者的经济负担，还可能对他们的社交关系造成负面影响。

结合学者们关于数字金融与居民相关的研究及其政策分析，本书总结出以下三点政策建议。

第一，加强数字金融知识宣传教育，建立数字金融教育体系，开展数字金融实践活动，从而提升居民数字金融教育水平。首先，政府可以通过各种渠道，例如媒体、社区活动、学校教育等，向居民普及数字金融知识，提高他们对数字金融产品的认知和理解。此外，政府还可以通过宣传教育活动，引导居民树立正确的投资观念和风险意识，避免因缺乏相关知识而导致的经济损失。其次，政府可以推动金融机构、教育机构和社区组织等合作，建立数字金融教育体系。该体系可以包括课程设置、教材编写、教师培训和学生考核等方面，旨在系统地培养居民的数字金融知识。此外，政府还可以通过该教育体系，为居民提供个性化的金融咨询服务，帮助他们更好地管理个人财务。最后，政府可以组织居民参加数字金融实践活动，如模拟交易、投资理财大赛等，让他们在实践中学习和掌握数字金融知识。此外，政府还可以通过各类实践活动，引导居民合理规划个人财务，提高他们的金融素养和风险防范能力。

第二，建立完善的数字金融监管体系，加强个人信息保护，实现数字金融风险预警和防范。首先，政府应加强对数字金融的监管力度，建立完善的监管体系，明确监管职责和监管标准，规范数字金融市场秩序。同时，应加强对金融机构的监督检查，确保其业务的合规性和风险控制能力符合要求。其次，政府应加强个人信息保护，建立健全个人信息保护法律法规，规范个人信息的使用和保护，防止个人信息被泄露和滥用。同时，也应加强对金融机构的个人信息保护要求，确保其信息安全保护能力符合监管要求。最后，政府应建立健全数字金融风险预警和防范机制，及时发现并处理风险事件，保障数字金融市场的稳定和安全。同时，还应加强对金融机构的风险管理要求，确保其风险控制能力符合监管要求。

第三，加强政策引导和支持，促进数字金融创新和多元化发展。推动数字金融进一步发展有利于缓解居民信贷约束，增加居民收入。为此，政府应制定和完善相关政策，推动金融机构积极创新。政府应明确数字金融发展的战略方向和目标，为金融机构开展数字金融业务提供指导和支持。例如，可以出台税收优惠政策、资金扶持政策等，降低金融机构开展数字金融业务的成本和风险，提高其积极性和创新能力。此外，政府应加大对数字金融技术创新的投入，鼓励金融机构与科技公司合作，共同研发和推广具有创新性和实用性的数字金融产品和服务。例如，可以利用区块链技术提高金融交易的透明度和安全性，利用人工智能技术提升金融服务的智能化水平，利用大数据技术提高金融风控的准确性和效率等。

第8章
结　语

近十年，中国的金融领域经历了一场深刻的变革。从互联网金融的崭露头角，到金融科技的广泛应用，再到数字金融的全面崛起，这一历程不仅展现出金融业与技术的日益深度融合，也反映了政府监管策略的持续演进和精细化。在这场变革中，政府和学术界都展现出了对数字金融领域的高度关注。然而，他们的关注焦点和研究方法却存在显著的差异。政府主要从宏观的战略规划和风险监管层面出发，通过制定具有前瞻性的政策和制度，为数字金融的健康发展提供指导和支持，旨在利用数字金融推动经济社会的持续繁荣。相比之下，学术界的研究更为微观和深入，他们致力于揭示数字金融对社会经济、企业经营，以及居民生活的多维度影响。

为了实现数字金融的健康和稳定发展，政府采取了一系列具体措施。首先，通过制定针对性的政策和制度，鼓励金融科技企业的创新和发展，推进金融服务的数字化、智能化和高效化。这为实体经济提供了更加便捷、高效的金融服务，有助于提升企业的运营效率和竞争力。其次，政府高度重视数字金融的安全管理与风险防范，制定了一系列政策进行规范和引导，旨在维护金融市场的稳定和投资者的权益。此外，政府还积极推进普惠金融的高质量发展，出台多项文件加强金融基础设施建设、创新金融产品和服务模式等，以实现普惠金融的普及和提升。最后，政府将数字金融标准化视为推动金融业高质量发展的关键，未来将在国际合作、动态更新、数据安全与隐私保护等方面持续深化。

在政府的规划与政策支持下，金融机构成功地实现了数字化转型，数字金融技术已经深度融入中国居民的日常生活，成为推动经济和社会发展的重要驱动力。从互联网支付到移动支付，支付方式的变革为人们的日常交易提供了极大的便利，同时也改变了人们的消费习惯。此外，区块链金融的崭新应用以其分布式、去中心化和不可篡改的特性，为金融服务提供了更高级别的安全性和透明度。云计算和人工智能的广泛应用则为金融机构提供了强大的计算和数据分析能力，有助于更准确地识别和管理风险，推动金融产品的创新。数字金融技术将继续推动金融行业的创新和发展，为居民的生活带来更多的便利和价值。

结合技术的发展趋势来看，数字金融主要呈现业务线上化、机构平台化和金融数智化的三大趋势。具体而言，业务线上化通过技术进步将金融服务迁移到线上提升了服务效率和用户体验；机构平台化通过构建综合性、开放性的金融服务平台整合各种资源为用户提供一站式服务；金融数智化则运用大数据和人工智能等技术实现金融服务的个性化和智能化。科技与金融的深度融合将更加有力地推动数字金融业务向更高效、智能、便捷的方向发展。

具体到学术领域，现有研究表明数字金融发展对金融机构、企业和居民都产生了深远影响。对于金融机构而言，数字金融正在重塑其服务模式并带来深远的影响。通过大数据、云计算等技术，金融机构能更精准地满足客户需求，完善风险控制体系，实现个性化服务。同时，数字金融推动金融机构全面创新，降低多方面成本，提升运营效率和市场竞争力。然而，数字金融的崛起也带来一系列挑战，特别是非银行金融机构和金融科技公司的快速发展对传统银行业形成的冲击。因此，学者们结合实证研究，提醒传统银行需要重新审视数字化时代的定位和发展路径，关注数字金融对传统业务模式和风险管理的影响。

对于企业而言，数字金融正在深刻地改变着其融资环境，推动企业创新和高质量发展。借助大数据、机器学习等技术，数字金融显著降低了银企间的信息不对称，提高了贷款审批的效率和精准性。这使更多企业，尤其是中小企业能够获得及时、充足的融资支持，进而降低了企业的融资成本。此外，在创新方面，数字金融为企业提供了更加精准、高效的金融服务，有效缓解了传统金融中的资源错配问题，降低了企业的融资成本，为技术创新提供了资金支持；同时，数字金融在信息共享和知识交流方面的优势，则显著促进了企业之间的合作与协同创新。更重要的是，数字金融的发展最终能够有效助力企业出口，并提高企业的全要素生产率，这意味着数字金融不仅解决了企业的融资问题，还从整体上提升了企业的生产效率和竞争力。

对于居民而言，数字金融的普及和发展深刻改变了他们在金融服务、收入和消费方面的行为和模式。首先，数字金融通过其便捷性和高效性降低了交易成本，提高了交易效率，使居民能够更方便地获取个人贷款并进行线上投资，从而改变了对传统私人借贷模式的依赖。其次，数字金融为居民提供了更多的创业机会和更多样化的投资方式，进而促进了居民收入的增加。最后，数字金融通过提供便捷的消费信贷和支付工具，以及个性化的消费推荐和优惠活动，促进了居民消费的增长，推动了国内经济的循环，提升了居民的生活水平和幸福感。

数字金融的崛起和广泛应用不仅改变了金融服务的形态，还对社会经济产生了深远的影响。政府在此过程中扮演了关键角色，通过制定前瞻性的政策和制度，为数字金融的健康发展提供了有力支持，同时也展现出对未来金融发展的高瞻远瞩。学术界则从多个维度深入研究数字金融对社会经济、企业经营和居民生活的影响，揭示了其巨大的潜力和价值。

具体来说，在政府的引导和推动下，金融机构成功实现了数字化转型，数字金融技术已经渗透到居民的日常生活中，极大提升了金融服务的效率和体验。数字金融将继续推动金融行业的创新和发展，业务线上化、机构平台化和金融数智化将成为主要趋势，推动数字金融业务向更高效、智能、便捷的方向发展。对于企业而言，数字金融显著改善了融资环境，降低了融资成本，推动了企业的创新和高质量发展。对于居民而言，数字金融提供了更加便捷、多样化的金融服务，促进了居民收入的增加和消费的增长，提升了生活水平和幸福感。

然而，数字金融的快速发展也带来了一系列挑战和问题，如信息安全、隐私保护、市场风险等。因此，未来仍需要在政府的监管和引导下，加强金融科技的研究和应用，提升金融机构的风险管理能力，确保数字金融的健康、稳定发展。同时，也需要加强国际合作和交流，共同应对全球范围内的金融挑战和问题。

总之，数字金融的崛起和发展是中国金融领域近十年来的重要变革之一，它改变了金融服务的形态和方式，提升了金融服务的效率和体验，对社会经济产生了深远的影响。展望未来，数字金融将继续发挥重要作用，推动金融行业的创新和高质量发展，为经济社会的发展注入新的动力和活力。

参考文献

傅秋子，黄益平，2018. 数字金融对农村金融需求的异质性影响——来自中国家庭金融调查与北京大学数字普惠金融指数的证据［J］. 金融研究（11）：68－84.

顾海峰，杨立翔，2018. 互联网金融与银行风险承担：基于中国银行业的证据［J］. 世界经济（10）：75－100.

郭峰，王靖一，王芳，等，2020. 测度中国数字普惠金融发展：指数编制与空间特征［J］. 经济学（季刊）（04）：1401－1418.

郭晔，未钟琴，方颖，2022. 金融科技布局、银行信贷风险与经营绩效——来自商业银行与科技企业战略合作的证据［J］. 金融研究（10）：20－38.

黄益平，邱晗，2021. 大科技信贷：一个新的信用风险管理框架［J］. 管理世界（02）：12－21＋50＋2＋16.

黄祖辉，宋文豪，叶春辉，2023. 数字普惠金融对新型农业经营主体创立的影响与机理——来自中国 1845 个县域的经验证据［J］. 金融研究（04）：92－110.

李春涛，闫续文，宋敏，等，2020. 金融科技与企业创新——新三板上市公司的证据［J］. 中国工业经济（01）：81－98.

李建军，姜世超，2021. 银行金融科技与普惠金融的商业可持续性——财务增进效应的微观证据［J］. 经济学（季刊）（03）：889－908.

李逸飞，李茂林，李静，2022. 银行金融科技、信贷配置与企业短债长用［J］. 中国工业经济（10）：137－154.

李真，李茂林，朱林染，2023. 银行金融科技与企业金融化：基于避险与逐利动机［J］. 世界经济（04）：140－169.

吕勇斌，文琳，2022. 数字普惠金融与乡村治理——来自农村土地承包合同纠纷的证据［J］. 东方论坛（04）：70－84.

秦芳，王剑程，胥芹，2022. 数字经济如何促进农户增收？——来自农村电商发展的证据［J］. 经济学（季刊）（02）：591－612.

邱晗，黄益平，纪洋，2018. 金融科技对传统银行行为的影响——基于互联网理财的视角［J］. 金融研究（11）：17－29.

宋科，李振，杨家文，2023. 金融科技与银行行为——基于流动性创造视角［J］. 金融研究（02）：60－77.

宋敏，周鹏，司海涛，2021. 金融科技与企业全要素生产率——"赋能"和信贷配给的视角［J］. 中国工业经济（04）：138－155.

唐松，伍旭川，祝佳，2020. 数字金融与企业技术创新——结构特征、机制识别与金融监管下的效应差异［J］. 管理世界（05）：52－66＋9.

田鸽，黄海，张勋，2023. 数字金融与创业高质量发展：来自中国的证据［J］. 金融研究（03）：74－92.

王可，周亚拿，2023. 互联网金融超市与企业债务融资——以"支付宝"财富平台为例［J］. 经济学（季刊）（01）：318－334.

王修华，赵亚雄，2020. 数字金融发展是否存在马太效应？——贫困户与非贫困户的经验比较［J］. 金融研究（07）：114－133.

王勋，王雪，2022. 数字普惠金融与消费风险平滑：中国家庭的微观证据［J］. 经济学（季刊）（05）：1679－1698.

吴雨，李成顺，李晓，等，2020. 数字金融发展对传统私人借贷市场的影响及机制研究［J］. 管理世界（10）：53－64＋138＋65.

吴雨，李晓，李洁，等，2021. 数字金融发展与家庭金融资产组合有效性［J］. 管理世界（07）：92－104＋7.

谢绚丽，沈艳，张皓星，等，2018. 数字金融能促进创业吗？——来自中国的证据［J］. 经济学（季刊）（04）：1557－1580.

谢绚丽，王诗卉，2022. 中国商业银行数字化转型：测度、进程及影响［J］. 经济学（季刊）（06）：1937－1956.

易行健，周利，2018．数字普惠金融发展是否显著影响了居民消费——来自中国家庭的微观证据［J］．金融研究（11）：47－67．

游家兴，林慧，柳颖，2023．旧貌换新颜：金融科技与银行业绩——基于8227家银行支行的实证研究［J］．经济学（季刊）（01）：177－193．

余明桂，马林，王空，2022．商业银行数字化转型与劳动力需求：创造还是破坏？［J］．管理世界（10）：212－230．

张海洋，胡英琦，陆利平，等，2022．数字时代的银行业变迁——网点布局与行业结构［J］．金融研究（09）：75－92．

张铭心，谢申祥，强皓凡，等，2022．数字普惠金融与小微企业出口：雪中送炭还是锦上添花［J］．世界经济（01）：30－56．

张勋，杨桐，汪晨，等，2020．数字金融发展与居民消费增长：理论与中国实践［J］．管理世界（11）：48－63．

赵家琪，江弘毅，胡诗云，等，2023．数字普惠金融下的小微信贷与风险——基于银行数字化转型的视角［J］．经济学（季刊）（05）：1686－1703．

赵亚雄，王修华，2022．数字金融、家庭相对收入及脆弱性——兼论多维“鸿沟”的影响［J］．金融研究（10）：77－97．

FUSTER A, PLOSSER M, SCHNABL P, et al., 2019. The role of technology in mortgage lending [J]. *The Review of Financial Studies*, 32: 1854－1899.

HUANG Y, CHEN L, SHENG Z, et al., 2019. FinTech credit and service quality: Evidence from Alibaba online merchants [R]. Working Paper.